梵文基础读本

语法　课文　词汇

〔德〕A.F. 施坦茨勒　著
季羡林　译
段　晴　范慕尤　续补

U0373101

北京大学出版社
PEKING UNIVERSITY PRESS

图书在版编目(CIP)数据

梵文基础读本/（德）A.F.施坦茨勒著；季羡林译.—北京：北京大学出版社，2009. 10
ISBN 978-7-301-15767-1

Ⅰ. 梵…　Ⅱ. A…　Ⅲ. 梵语-教材　Ⅳ. H711

中国版本图书馆 CIP 数据核字（2009）第 167211 号

书　　　名：梵文基础读本
著作责任者：〔德〕A.F.施坦茨勒　著　季羡林　译
封 面 设 计：叶少勇
责 任 编 辑：杜若明
标 准 书 号：ISBN 978-7-301-15767-1
出 版 发 行：北京大学出版社
地　　　址：北京市海淀区成府路 205 号　100871
网　　　址：http://www.pup.cn
电　　　话：邮购部 62752015　发行部 62750672　编辑部 62753374　出版部 62753027
电 子 邮 箱：zpup@pup.cn
印　刷　者：北京飞达印刷有限责任公司
发　行　者：北京大学出版社
经　销　者：新华书店
　　　　　　787 毫米×980 毫米　16 开本　11.75 印张　200 千字
　　　　　　2009 年 10 月第 1 版　2025 年 6 月第 9 次印刷
定　　　价：42.00 元

目　录

德文版第十八版前言 1
字体 1
语音规则 8
　元音转换 8
　绝对尾音（停顿）中的辅音 9
　句内连声法（Sandhi） 9
　词内连声 14
屈折变化 17
　名词性词的变格 17
　　以元音为尾音的名词的变格（18）以辅音为尾音的名词的变格——独语干名词（25）多语干名词性的词（27）不规则语干（33）
　比较级 34
　代词的变格 35
　数词 38
　动词变位 40
　　现在时语干（特殊时态）（42）带插入元音的变位（42）不带插入元音的变位（44）一般时态（57）完成时（57）不定过去时（63）祈求式（67）将来时（68）条件式（69）被动语态（69）派生语干的变位（71）第十类动词和致使动词（71）愿望动词（72）加强动词（73）名转动词（73）由动词转化而来的名词性词语（动名词）（74）不定式和独立式（78）
词的构成 80
　名词和形容词的构成 80

德文版第十八版前言

一代又一代的印度学者亲切地把这部教科书称之为“der Stenzler”（施坦茨勒）。多少次曾有人提出，该对这部书进行全面的重新修订。然而，当 B. Schlerath 于 1980 年负责出版第 17 版时，却未能实现重新修订，原因是所限定的时间过于仓促。在我看来，当 Söhnen-Thieme 把这部书翻译成英文版（1992，伦敦）时，她所作出的尝试十分重要，而且在很多方面值得借鉴。因此，我可以着手来完成这多年来未尽的责任。首先，Schlerath 为将来修订而提出的种种建议实为我指明了方向。未曾采纳的仅有一条意见，即“将语料限制在古典梵语实际使用的范围之内，而无需顾及对语法的论述中出现的现象”。说到语法部分，我认为他的意见有些偏颇。在我看来，古代本土语法学家并不曾随意生造出语法现象，而人们必须区别语言实际的各个层面，例如梵语辞书。教书者应有自主的空间。如果教师以为，出于这样或那样的考虑，有些内容“有害”而无利，就可以让学生自行决定，比如是否要记住 tṛ 词缀所构成的行动者名词的中性形态。

经过修订以及增加的内容深入到字里行间，无法逐一枚举。当我还是一个初学者守在伟大的老师 Schlerath 跟前时，已经认识到，增加练习例句不仅可为，而且实在是势在必行，“当然需要从原著中选择”。我曾经试图在德国和加尔各答调查由 Pischel 纂辑起来的习题集，并且得到许多同事的协助，但无功而返。我想这部习题集一定已经佚散。而我自己的一番辛苦是否成功，要由使用者来评说。虽然经年累月，我还是未能在教书过程中积攒起适合的或者可能适合的材料。因此，我更加感谢 Eva Wilden。在搜集和筛选练习例句的过程中，是她给予我极大的帮助。其实可以说，如果没有她，则不可能有这新一版的问世，是她承担起这项工作，使用电脑以及 Word Perfect 5.1/5.2 程序制作出付印的样本。然而，这些电脑程序在最后阶段被证明是十分靠不住的，这令人始料不及。Burkhard Quessel 为解决电脑技术问题作出决定性的贡献，我在此向他致谢。我还要向 Georg Buddruss 以及 Bernhard Kölver 表示谢意，他们曾提出许多建议。最后，当然不是最少，我要感谢 Thomas

Oberlies，是他以细致而挑剔的眼光通读了付梓前的校样。

B. Schlerath 曾发表著名的言论："故而应当把语言比较和语言历史的成分排除在语法之外。"然而，他也曾补充说明："照此，要如实地阐明元音的变级，则为难矣。"我却以为，根据词法的不同领域进行语言比较所带来的教学效果，无论怎样强调也不为过分。因此，我十分高兴地宣布，下一版将会增加一篇附录，由 C.Kiehnle 以及 B. Kölver 来完成。一方面，"施坦茨勒"按照其逻辑所形成的非历史的特点将继续保留，另外，学生也得到更多的选择。我认为，这会使学生大受裨益。"附加练习"标题之下的练习例句也是额外增加的，同样是为了提供更多的选择。附加练习中出现的词汇已经收入词汇表，包括语法术语部分。

我的目的不仅仅在于留住施坦茨勒的《基础读本》，更是为了使其在与其它梵语教科书的竞争之中常胜不衰。因此，欢迎提出各种建设性的批评。

Wezler

汉堡，1995 年 7 月

（段晴 2005 年 8 月 9 日译于北大静园六院）

字 体

1. 梵文一般用“城体”（Nāgarī）字母书写，有下列一些符号：

a）元 音

简单元音：अ a आ ā इ i ई ī उ u ऊ ū ऋ ṛ ॠ ṝ ऌ ḷ

复合元音：ए e ऐ ai ओ o औ au

b）辅 音

1. 喉音：	क ka	ख kha	ग ga	घ gha	ङ ṅa
2. 腭音：	च ca	छ cha	ज ja	झ jha	ञ ña
3. 卷舌音：	ट ṭa	ठ ṭha	ड ḍa	ढ ḍha	ण ṇa
4. 齿音：	त ta	थ tha	द da	ध dha	न na
5. 唇音：	प pa	फ pha	ब ba	भ bha	म ma
6. 半元音：	य ya	र ra	ल la	व va	
7. 咝音：	श śa	ष ṣa	स sa		
8. 气音：	ह ha				

辅助符号：ं ṃ (Anusvāra) ँ ~ (Anunāsika)，ः ḥ (Visarga)

注1. ळ ḷa（卷舌音）仅见于吠陀典籍。

注2. 人们常说 Devanāgarī（天城体）而不说 Nāgarī（城体），特别是在南印度，以区别于 Nandināgarī（南弟城体）。

注3. 以前将 Retroflexe 称为 Cerebrale 是因为对古印度术语的误解。[1]

注4. 确切地说，喉音应称为软腭音。

① 译者按：Retroflexe 译作卷舌音，Cerebrale 顶音。

2. 元音的发音：a 和 ā 的发音见 §4。i 和 ī 为前高元音，u 和 ū 为后高元音，各为单元音的短音和长音。

ṛ ṝ 是成音节的舌尖颤音。ḷ 同样成音节，是响音。刚刚涉及的这三个元音在发音时，人们往往可以听到短促的 i 的余音，偶尔也听到 u 的余音。

复合元音 e 和 o 是长音，半高。e 是舌面前音，o 是舌面后音。ai 和 au，这两个复合元音（降）的第一个音是长音。

3. 辅音的发音：辅音的一至五行（§1），除第五纵列的鼻音以外，都是塞音。发喉音时，舌面后与软腭形成闭塞。发腭音时，舌面中与硬腭形成闭塞。发卷舌音时，舌尖向后卷起，与硬腭的前部形成闭塞。发齿音时需要注意在牙齿部位形成闭塞。唇音是双唇塞音。要注意区别清音和浊音，区别送气音和不送气音，送气音在爆破时有明显的 h 音相随。

鼻音（第 5 纵列），发音部位与它们所属的那一行的塞音相符合。发鼻音时，气从鼻腔流出。

半元音中，y 是腭音，r 是颤的齿龈音。l 是响亮的边音，v 是唇齿音。

所有咝音（摩擦音）都是清音，但是在形成狭窄通道时彼此有别：ś 是腭音，ṣ 是卷舌的，s 是齿音。h 是有声的喉部送气音。

4. 长短元音的差别是音位性质的。i / ī、u / ū、ṛ / ṝ 之间的差别纯粹是音长的问题，发音的时间延长一倍。但是 a / ā 之间还有音质的不同。a 是半开口元音，ā 是开口元音，即在开口度上存在差异。

辅音1—5 行（§1）的前两纵列以及三个咝音是清音，其余所有的音，包括元音，都是浊音。浊闭塞音和清闭塞音，以及送气音（纵列 2 和 4）和不送气音之间的对立是音位性质的。辅音第 6—8 行分别表现为音位。需要注意鼻音（第5纵列）的差异：在印度传统语法的（元 Meta-）语言中，所有鼻音被当作音位处理。而在语法的目标语言（Objektsprache）中，即在梵语中，喉音（ṅ）以及腭音的鼻音（ñ）大抵上仅仅在与它们同组的辅音结合时才出现，其实是音位的变体。

5. 元音符号：§1（初音元音）中的元音符号，只有在前面无辅音，比如处在句首或在元音后的词首时才使用。a与前面的辅音组合时，已包括在辅音符号中。其余的元音（中间元音）用下列方式表示：

का kā　कि ki　की kī　कु ku　कू kū　कृ kṛ　कॄ kṝ　कॢ kḷ　के ke　कै kai　को ko　कौ kau。

特别应记住：

दु du，दू dū，दृ dṛ，रु ru，रू rū，शु śu，शू śū，शृ śṛ，हु (हु) hu，हू (हू) hū，हृ hṛ。

6. 没有元音的辅音用写在下面的一撇 ्（Virāma）来表示。不过这一撇 ् 只用于停顿、句尾或独立的词下：वाक्（语言）；或用于语法上的语干：दिश् diś（方位）。

7. 叠加字符：在词或句中，当两个或更多的辅音彼此直接相连时，需要用叠加字符来书写：

I 需要叠加的辅音中，如果第一个辅音的右侧有一垂直线，那么要舍去这道线而置于前：

ग्द gda，ग्ध gdha，च्य cya，ज्व jva，न्त nta，प्स psa，ब्द bda，व्य vya，श्य śya，ष्क ṣka，ष्ट ṣṭa，ष्ठ ṣṭha，स्क ska，स्थ stha

II 如果当叠加的辅音群的第一个辅音的右侧没有垂直线，后面的辅音便丢失上面的横线并写在下面：

ङ्क ṅka，ङ्ग ṅga，क्क kka，क्व kva，ट्ट ṭṭa，ट्व ṭva

III 本节I的例外：न 和 ल 作为叠加字符的第二个字符时，一般要丢掉上面的横线并写在下面：

त्न tna，ध्न dhna，म्न mna，न्न nna，स्न sna，भ्न bhna，प्ल pla，ल्ल lla。

IV 本节 II 的例外：当 म ma 和 य ya 是叠加字符的第二个字符时，这两个字符要缩短一些，并写在第一个字符的后面：

क्म kma，ङ्म ṅma，द्म dma，ह्म hma，क्य kya，छ्य chya，ट्य ṭya，ठ्य ṭhya，ड्य ḍya，ढ्य ḍhya，द्य dya，ह्य hya。

V 其他的例外：与 क् 相加：क्थ ktha；与 च् 相加：च्च cca，च्ञ cña；与 ञ् 相加：ञ्च ñca，ञ्ज ñja；与 प् 相加：प्त pta。

VI श 在一些叠加字母中也写作 श्‍（也见 श्）：श्च śca，श्न śna，श्ल śla，श्व śva（见§5）。

VII 改变较大的有：与 क् 相加：क्त kta；与 त् 相加：त्त tta；与 द् 相加：द्द dda，द्ध ddha，द्न dna，द्भ dbha；与 न् 相加：ह्न hna；与 व् 相加：द्व dva，ह्व hva。特别应记住：क्ष（亦作 क्ष）kṣa。ज्ञ jña（今天一般读作 dnya 或 gnya）。ण्ण ṇṇa（也写作 ण्ण）。

VIII 在辅音和元音 ṛ 前的 r 用写在上方的钩来表示，这一钩总是写在最右面：र्क rka，र्के rke，र्कौ rkau，र्कं rkaṃ，र्ऋ rṛ。在辅音后的 r 用附在下面的一撇来表示：क्र kra，ज्र jra，द्र dra，न्र nra，प्र pra，श्र śra，ह्र hra。特别记住：त्र tra。

IX 两个以上的辅音按相同规则叠加：

ग्ध्व gdhva，ग्न्य gnya，त्स्य tsya，प्त्य ptya，ष्ठ्य ṣṭhya，क्त्य ktya，क्त्व ktva，ङ्क्त ṅkta，त्त्य ttya，त्त्व ttva，द्व्य dvya，द्द्य ddya，द्ध्य ddhya，द्भ्य dbhya，श्च्य ścya，श्व्य śvya，क्ष्ण kṣṇa，क्ष्म kṣma，क्ष्म्य kṣmya，क्ष्य kṣya，क्ष्व kṣva，ङ्क्ष ṅkṣa，ङ्क्ष्व ṅkṣva，ग्र्य grya，त्त्र ttra，त्र्य trya，द्द्र ddra，द्र्य drya，स्त्र stra。

8. 最常用的叠加字符：

与 क् 相加：क्क kka，क्ख kkha，क्त kta，क्त्य ktya，क्त्र ktra，क्त्व ktva，क्थ ktha，क्न kna，क्म kma，क्य kya，क्र kra，क्र्य krya，क्ल kla，क्व kva，क्ष kṣa，क्ष्ण kṣṇa，क्ष्म kṣma，क्ष्म्य kṣmya，क्ष्य kṣya，क्ष्व kṣva。

与 ख् 相加：ख्न khna，ख्य khya。

与 ग् 相加：ग्द gda，ग्ध gdha，ग्ध्व gdhva，ग्न gna，ग्न्य gnya，ग्भ gbha，ग्भ्य gbhya，ग्म gma，ग्य gya，ग्र gra，ग्र्य grya，ग्ल gla，ग्व gva。

与 घ् 相加：घ्न ghna，घ्म ghma，घ्य ghya，घ्र ghra。

与 ङ् 相加：ङ्क ṅka，ङ्क्त ṅkta，ङ्क्ष ṅkṣa，ङ्क्ष्व ṅkṣva，ङ्ख ṅkha，ङ्ख्य ṅkhya，ङ्ग ṅga，ङ्ग्य ṅgya，ङ्ग्र ṅgra，ङ्घ ṅgha，ङ्घ्र ṅghra，ङ्ङ ṅṅa，ङ्म ṅma。

与 च् 相加：च्च cca，च्छ ccha，च्छ्र cchra，च्छ्व cchva，च्ञ cña，च्म cma，च्य cya。

与 छ् 相加：छ्य chya，छ्र chra。

与 ज् 相加：ज्ज jja，ज्ज्ञ jjña，ज्ज्व jjva，ज्झ jjha，ज्ञ jña，ज्ञ्य jñya，ज्म jma，ज्य jya，ज्र jra，ज्व jva。

与 ञ् 相加：ञ्च ñca，ञ्छ ñcha，ञ्ज ñja，ञ्श ñśa。

与 ट् 相加：ट्क ṭka，ट्ट ṭṭa，ट्य ṭya，ट्व ṭva，ट्स ṭsa。

与 ठ् 相加：ठ्य ṭhya，ठ्र ṭhra。

与 ड् 相加：ड्ग ḍga，ड्ड ḍḍa ，ड्य ḍya。

与 ढ् 相加：ढ्य ḍhya，ढ्र ḍhra，ढ्व ḍhva。

与 ण् 相加：ण्ट ṇṭa，ण्ठ ṇṭha，ण्ड ṇḍa， ण्ढ ṇḍha，ण्ण 或者 ष्ण ṇṇa，ण्म ṇma，ण्य ṇya，ण्व ṇva。

与 त् 相加：त्क tka，त्त tta，त्त्य ttya，त्त्र ttra，त्त्व ttva，त्थ ttha，त्न tna，त्न्य tnya，त्प tpa，त्फ tpha，त्म tma，त्म्य tmya，त्य tya，त्र tra，त्र्य trya，त्व tva，त्स tsa，त्स्न tsna，त्स्न्य tsnya，त्स्य tsya，त्स्व tsva。

与 थ् 相加：थ्य thya。

与 द् 相加：द्ग dga，द्ग्र dgra，द्द dda，द्द्य ddya，द्द्र ddra，द्द्व ddva，द्ध ddha，द्ध्य ddhya，द्ध्व ddhva，द्न dna，द्ब dba，द्ब्र dbra，द्भ dbha，द्भ्य dbhya，द्म dma，द्य dya，द्र dra，द्र्य drya，द्व dva，द्व्य dvya。

与 ध् 相加：ध्न dhna，ध्म dhma，ध्य dhya，ध्र dhra，ध्व dhva。

与 न् 相加：न्त nta，न्त्य ntya，न्त्र ntra，न्त्स ntsa，न्थ ntha，न्द nda，न्द्ध nddha，न्द्र ndra，न्ध ndha，न्ध्य ndhya，न्ध्र ndhra，न्न nna，न्न्य nnya，न्म nma，न्य nya，न्र nra，न्व nva，न्स nsa。

与 प् 相加：प्त pta，प्त्य ptya，प्न pna，प्म pma，प्य pya，प्र pra，प्ल pla，प्स psa。

与 फ् 相加：फ्य phya。

与 ब् 相加：ब्ज bja，ब्द bda，ब्ध bdha，ब्ध्व bdhva，ब्ब bba，ब्भ bbha，ब्य bya，ब्र bra。

与 भ् 相加：भ्न bhna， भ्य bhya，भ्र bhra，भ्व bhva。

与 म् 相加：म्न mna，म्प mpa，म्प्र mpra，म्ब mba，म्ब्य mbya，म्भ mbha，म्य mya，म्र mra，म्ल mla。

与 य् 相加：य्य yya，य्व yva。

与 ल् 相加：ल्क lka，ल्ग lga，ल्प lpa，ल्म lma，ल्य lya，ल्ल lla，ल्व lva，ल्ह lha。

与 व् 相加：व्न vna，व्य vya，व्र vra。

与 श् 相加：श्च śca，श्च्य ścya，श्न śna，श्म śma，श्य śya，श्र śra，श्र्य śrya，श्ल śla，श्व śva，श्व्य śvya。

与 ष् 相加：ष्क ṣka，ष्क्र ṣkra，ष्ट ṣṭa，ष्ट्य ṣṭya，ष्ट्र ṣṭra，ष्ट्र्य ṣṭrya，ष्ट्व ṣṭva，ष्ठ ṣṭha，ष्ठ्य ṣṭhya，ष्ण ṣṇa，ष्ण्य ṣṇya，ष्प ṣpa，ष्प्र ṣpra，ष्म ṣma，ष्य ṣya，ष्व ṣva，ष्ष ṣṣa。

与 स् 相加：स्क ska，स्क्र skra，स्ख skha，स्त sta，स्त्य stya，स्त्र stra，स्त्व stva，स्थ stha，स्थ्य sthya，स्न sna，स्प spa，स्फ spha，स्म sma，स्म्य smya，स्य sya，स्र sra，स्व sva，स्स ssa。

与 ह् 相加：ह्ण hṇa，ह्न hna，ह्म hma，ह्य hya，ह्र hra，ह्ल hla，ह्व hva。

9. 辅助性的语音符号。在咝音和 ह् 前的 Anusvāra 像法语中结尾的 n 那样发音，即前面的元音要加上鼻音，作尾音则发作 m；当作为复合词的前词时，在闭塞音前发作与该音同类的鼻音，即便是出于简略的缘故而在词中闭塞音前使用了Anusvāra 却未使用类别鼻音时，也是一样。Anunāsika 仅出现在和 ऌ 的组合中，用于表达鼻音化的 l（§31-b)。Visarga 是一个清送气音。在停顿时（§18-IV）轻微地带出前面的元音或复合元音的第二个音素的余音。

10. 标点符号。। 表示较短的句子的停顿和半颂的结束。॥ 表示较长段落和一颂的结束。ऽ ’（Avagraha）表示初音 अ（§22）的省略。° 表示缩略。

11. 在梵文中，以一个句子为单位，只有当一个词以元音、Anusvāra 或 Visarga 收尾，而后面的词以辅音起首时，才将两个词分开来书写。按照 §§23－25，35-1b、c 条也可分开两个词。上一个词的尾辅音和下一个词的初音元音或辅音依照 §26 条等规则合写成为一个字符。末尾元音和初音元音依照§19及以下各条组合。

12. 数字符号：

१	२	३	४	५	६	७	८	९	०
1	2	3	4	5	6	7	8	9	0

१० =10，१९१४ = 1914

13. 重音。吠陀梵语的古重音规则在古典梵语中已不再适用。现在的发音以缺少一个值得一提的力度重音为特点。依照印度特有的传统，诵诗旋律拥有纷呈各异的诗律，朗诵散文也有吟诵方式。除此以外，梵语的发音则更强调各个音节，清晰地区分音节在诗律质量中的差异。诗律的“轻音节”，是指含短元音、其后只有单辅音的音节。诗律的“重音节”，一是指含一个长元音、其后跟随一个或两个辅音的音节，二是指含一个短元音、其后不只一个辅音相随的音节。

语音规则

元音转换

14. 元音有二个升级，称为 Guṇa（二合元音）与 Vṛddhi（三合元音）。

简单元音（低级）	—	इ i，ई ī	उ u，ऊ ū	ऋ ṛ，ॠ ṝ	ऌ ḷ
二合元音（高级）	अ a	ए e	ओ o	अर् ar	अल् al
三合元音（延伸级）	आ ā	ऐ ai	औ au	आर् ār	आल् āl

注1. 提请注意，术语 Guṇa、Vṛddhi 在传统印度语法学中不表示“升级”，而仅指示某类元音（例如 a、e、o，以及 ā、ai、au）。

注2. 从历史的角度审视语言时，才能够充分理解这一现象。应参考印欧语言学对古印度语音变的阐述。

15. 词根音节的元音要变为二合元音，闭音节中的长元音不变：जीव् jīv（生存），निन्द् nind（斥责）。

16. 一些比较级（§109）以及词根 दृश्（看见）、सृज्（创造），在以辅音为初音的语尾前，词中的 ऋ 变二合元音作 र，变三合元音作 रा。

绝对尾音（停顿）中的辅音

17. 尾音辅音的数目：如果一个词结尾的辅音有两个或更多，只保留第一个：सन्（存在的）代替 sant-s。允许 r + 一个辅音的组合，单数第一格：ऊर्क् ūrk（力量）。

18. 尾音辅音的种类：停顿时，只有第 1 行、第 3 到 5 行的不送气清音和鼻音以及 Visarga 被允许作为落尾的辅音。其余的，如果它们本来便是尾音或者依 §17 应处在尾音位置上时，音的变化如下：

I 第 1 行、第 3 行至第 5 行的浊音和送气音变为相应的不送气清音：

tad = तत् tat（那个），yudh+s = युत् yut（力量）。

II 腭音尾音变为 क्，ज् 有时变为 ट्：

प्राच् prāc（东方的），中性单数体格：प्राक् prāk；असृज्【中性】（血），单数体格：असृक् asṛk；वाच्【阴性】（言语，声），单数体格：वाक् vāk；देवराज्（天王），单数体格：देवराट् devarāṭ。

III ष् 和 ह् 变为 ट्，少数变为 क्。श् 变为 क् 或 ट्：

षष्（六）变为 षट् ṣaṭ；मधुलिह्（蜜蜂），单数体格：मधुलिट् madhuliṭ；दिश्（地区），单数体格：दिक् dik；विश्（民族），单数体格 विट् viṭ。

注：以一个不送气浊音为初音并以一个送气浊音或 ह् 收尾的词根音节，如果变化尾辅音，那么起首音恢复为原始的送气音：गोदुह्（挤奶人）【阳性】，单数体格 गोधुक् go-dhuk。

IV 元音后的 र् 和 स् 变为 Visarga：

पुनः 替代 पुनर्（再次），अश्व（马）的单数体格 अश्वः aśvaḥ，替代 aśvas。

句内连声法（Sandhi）

A. 尾元音和初元音

同类元音是指彼此相同或只有音长差别的元音（§4）。

19. 同类的简单元音融合为长元音：न अस्ति इह na asti iha（此地无有）变为 नास्तीह nāstīha。न आसीत्（他不曾是）变为 नासीत्。देवी इव（犹如天女），变为 देवीव devīva。साधु उक्तम् sādhu uktam（说得好）变为 साधूक्तम् sādhūktam。

20. अ a 和 आ ā 的“融合”：

a）अ a 和 आ ā，与不同类的简单元音融合成为它们的二合元音。न इह na iha（不在这里）变为 नेह neha。विना ईर्ष्यया vinā īrṣyayā（无妒意），变为 विनेर्ष्यया vinerṣyayā。सा उवाच sā uvāca（她说），变为 सोवाच sovāca；यथा ऋषिः yathā ṛṣiḥ（正如仙人），变为 यथर्षिः yatharṣiḥ。

b）अ a 和 आ ā，加复合元音变成三合元音。अद्य एव adya eva（正是今日），变为 अद्यैव adyaiva。सा ओषधिः sā oṣadhiḥ（草药），变为 सौषधिः sauṣadhiḥ。

21. 在不同类元音前，a 和 ā 以外的简单元音变成它们的半元音：

उपरि उपरि upari upari（高过）变为 उपर्युपरि upary upari。न अस्तु एतत् na astu etat（绝非如此！）变为 नास्त्वेतत् nāstv etat。

22. 初音 अ a 在 ए e 和 ओ o 后面省略（§10）：ते अपि te api （连他们也）变为 ते ऽपि te ’pi 参见§35-1a。

23. 在 अ a 以外的其他元音前，尾音 ए e 和 ओ o 变成 अ a，产生元音连读（Hiatus）：वने आस्ते vane āste（他坐在林子里），变为 वन आस्ते vana āste。प्रभो एहि prabho ehi（噢，主人，走吧！）प्रभ एहि prabha ehi。

24. ऐ ai 在元音前按常规变为 आ ā，औ 变为 आव् āv。तस्मै अदात् tasmai adāt（给予他）变为 तस्मा अदात् tasmā adāt。तौ उभौ tau ubhau（这两个）变为 तावुभौ tāv ubhau。

25. §§21—23 的例外：双数形式的尾音 ई、ऊ 和 ए，以及 अमी（§120）的尾音，在元音前保持不变（pragṛhya）并且不引起元音省略：चक्षुषी इमे cakṣuṣī ime（这两只眼睛）；कन्ये आसाते अत्र kanye āsāte atra（两个女孩坐在那儿）。

B. 辅音作尾音

26. 停顿形式（§18）的清音只在清音前保持不变。在浊音（包括元音）前它们变为浊音。在鼻音前变成相应的鼻音：आसीत् राजा（从前有个国王），变为 आसीद्राजा āsīd rājā；अभवत् अत्र（他曾在这儿），变为 अभवदत्र abhavad atra；तत् न（不是这），变为 तन्न tan na；वाक् मे（我的话），变为 वाङ्मे vāṅ me。

27. 停顿形式的 त् 同化于初音腭音、卷舌音和 ऌ。तत् च（和这个），变为तच्च tac ca。तत् जलम्（那水），变为 तज्जलम्。तत् लभते（他想要那个），变为 तल्लभते tal labhate。

28. 在初音 श् 前，尾音 त् 相应变成 च्，而 श् 变成 छ्。तत् श्रुत्वा（听说此事以后），变为 तच्छ्रुत्वा tac chrutvā。

鼻音作尾音

29. 位于短元音后、初音元音前的尾音鼻音发生重复，但 म् 是例外。आसन् अत्र（他们曾在此），变为 आसन्नत्र āsann atra；प्रत्यङ् आसीनः（面西而坐），变为 प्रत्यङ्ङासीनः pratyaṅṅ āsīnaḥ。

30. म् 在辅音前变成 Anusvāra（§9）。तम् च 变为 तं च taṃ ca。

31. 尾音 न् 的替换：

a）在浊腭音、卷舌音和 श् 前，न् 变为同类的鼻音，तान् जनान् 复数业格（这些人）变为 ताञ्जनान् tāñ janān。此时，初音 श् 多半变为 छ्。तान् शशान् 复数业格（这些兔子）变为 ताञ्शशान् tāñ śaśān，或 ताञ्छशान् tāñ chaśān。

b）न् 在 ऌ 前变成 ल्ँ（鼻音化的l，见§9）。तान् लोकान् 复数业格（这些世界）变为 ताल्ँलोकान् tāl̃ lokān。

注：ल्ँ 有时写作 ऌँ。

32. 在尾音 न् 和起始的清腭音、卷舌音和齿音之间，插入相应的咝音，而前面的 न् 变为Anusvāra（§9）。भरन् च（并且负担着），变为 भरंश्च bharaṃś ca。तान् तान् 复数业格（所有这些），变为 तांस्तान् tāṃs tān。

句中的 Visarga（§18-IV）

I. 清音前的 Visarga：

33. a）位于清喉音、唇音和咝音前，Visarga 保持不变。ताः कन्याः tāḥ kanyāḥ（这些女孩）。पुनः पुनः punaḥ punaḥ（一再）。व्रीहिः पच्यते vrīhiḥ pacyate（稻谷成熟）。अश्वाः षट् aśvāḥ ṣaṭ（六匹马）。

注：在一些古老的文献中，所谓 Jihvāmūlīya × ẖ代替Visarga出现在清喉音之前，所谓Upadhmānīya× ḫ代替Visarga出现在清音唇音之前，而Visarga与咝音同化。पतिः करोति patiḥ karoti 也作 पति× करोति（主人做……）。कः परः 也作 क× परः（哪一个陌生人？）हतः शेते 也作 हतश्शेते（他被打死，躺着）。

b）在清腭音、卷舌音和齿音前，Visarga 变为相应的咝音。अश्वः，但是 अश्वश्च aśvaś ca（和一匹马）。कठारैः टङ्कैः च 变为 कुठारैष्टङ्कैश्च kuṭhāraiṣ ṭaṅkaiś ca（拿着斧子和撬棒）。पुनः，पुनस्तत्र punas tatra（又在那里）。भ्रातरः，भ्रातरस्त्रयः bhrātaras trayaḥ（三兄弟）。

II. 浊音前的 Visarga

34. 在非 a 元音后：

a）Visarga 变为 र्。

मतिः मम（我的意见），变为 मतिर्मम matir mama；पशुः इव（像牲畜），变为 पशुरिव paśur iva；गुणैः युक्तः（具备美德），变为 गुणैर्युक्तः gunair yuktaḥ。

注：呼唤词 भोः 在所有浊音前失落 Visarga。

b）在初音 र् 前，Visarga失落，前面的短元音拉长：

तरुः रोहति（树在生长），变为 तरू रोहति tarū rohati。

35. 在元音 a 后：

1. 如果 Visarga 代表 स् ：

a）अः aḥ 在浊辅音和 अ a 前变为ओ o。अश्वः，但是 अश्वो वहति aśvo vahati（马在跑）；अश्वः अपि（连马也……），变为 अश्वो ऽपि aśvo ’pi（§22）。

b）अः 在非 अ 元音前变为 अ，产生元音连续。

अश्वः，但 अश्व इव（像马一样）；अश्व उवाह aśva uvāha（马曾跑）。

c）आः āḥ 在所有浊音前变为आ ā：

अश्वाः，但是 अश्वा वहन्ति aśvā vahanti（众马在跑）；अश्वा ऊहुः aśvā ūhuḥ（众马曾跑）。

2. 如果Visarga 代表 र् r（§18-IV），则在所有浊音前变为 र्，在初音 र् 前依 §34-b 处理。पुनः punaḥ，但是 पुनरस्ति punar asti（再次）；पुना रोहति punā rohati（又生长起来）。

初音辅音

36. 初音 ह् 使前面停顿形式的不送气清音变为浊音（§26），而自己变为相应的送气浊音。

तत् हि（因为这），变为 तद्धि tad dhi。अभूत् हंसः（他变成了天鹅），变为 अभूद्धंसः abhūd dhaṃsaḥ；वाक् हि（因为言语），变为 वाग्घि vāg ghi。

37. 初音 छ् 在短元音、मा（不）和 आ（向）后变为 च्छ् ：न च्छिन्दन्ति na cchindanti（他们没有割）。

注：छ् ch（来自 sk）在词中跟在所有元音后都写作च्छ्。चिच्छेद ciccheda（他割）；म्लेच्छः mlecchaḥ（异域人）。

38. 关于初音 श् 在 त् 和 न् 后变为 छ् 的变化参见 §28 和 §31-a。

词内连声

39. 第19条至第37条诸规则也基本上适用于词内音变，词内音变发生于往词根或语干上附加词缀之时。最重要的例外如下：

40. 在元音前，ए 变为 अय्，ऐ 变为 आय्，ओ 变为 अव्，औ 变为 आव्：एमि e-mi（我去），然而 अयानि ayāni（我要去）。参阅第79条复合元音语干的变格。

41. 在元音前，इ 和 ई 在一定条件下可以变为 इय्，उ 和 ऊ 变为 उव्，特别当它们是词根元音（§§71，149），或者前面有两个辅音（§§174-b，205，209）的条件下。

42. 位于词根的 र 和 व 之前，如果后面紧随有辅音，इ 和 उ一般变为长音。例如：词根 दिव् 变为 दीव्यति dīvyati（他在玩）。语干 गिर् 变为 गीर्भिः gīrbhiḥ（通过言语）。语干 आशिस् 变为 आशीर्भिः（通过请求）。

43. 在以元音、半元音或鼻音为首的语尾前，辅音一般不变。语干 मनस्，单数依格 मनसि（在心中），मनस्विन्（聪明的）。

44. 在其他辅音前，语干的收尾辅音先依停顿时的规则（§18），继而依照第26条处理。语干 मनस्（意识）依照第33条a项构成复数依格 मनःसु manaḥ-su，按照第35条1-a项构成复数具格 मनोभिः manobhiḥ。现在时语干 आस्（坐）依照第35条1-c项构成复数第二人称中间语态 आध्वे ā-dhve。

卷舌音化规则

45. न् 变为 ण्：如果 न् 后面的字母是元音或 न म य व，而前面直接是 ऋ、ॠ、र्、ष्，或者二者之间没有除元音、喉音、唇音、य्、व्、ह्、Anusvāra 以外的其他音，则 न् 变为 ण्。语干 अक्षन्（眼睛）构成单数具格 अक्ष्णा akṣṇā。语干 ब्रह्मन्（婆罗门）构成单数具格 ब्रह्मणा

brahmaṇā。राम（罗摩）构成单数具格 रामेण rāmeṇa。而 रथ（车）的单数具格是 रथेन rathena。

46. स् 变为 ष्：如果 स् 前面直接是 क् र् ल् 或非 अ आ 元音，或者其间只有Anusvāra 或 Visarga，而后面不是 ऋ 和 र्，则 स् 变为 ष्。

वाक् + सु（§81）构成复数依格 वाक्षु vākṣu。语干 हविस्（祭品）构成单数具格 हविषा haviṣā，复数体格 हवींषि havīṃṣi，构成复数依格 हविःषु haviḥṣu，等于 हविस् + सु。但是 त्रि（三）构成阴性复数体格 तिस्रः tisraḥ，阴性复数依格 तिसृषु tisṛṣu。

注：当 स् 依照第 34 条 a 项变为 र् 时，此规则不适用。हविर्भिः havirbhiḥ（复数具格）。पुंस्（人）和 हिंस्（伤害，动词）的 स् 保持不变。पुंसा（单，具），हिंसा（伤害，名词）。

47. 齿音在卷舌音包括 ष् 后变成卷舌音：

ईड् + ते 变为 ईट्टे īṭṭe（他赞颂）。इष् +त 变为 इष्ट iṣṭa（希望得到的）。

§44 的例外和特殊情况

48. त् 和 थ् 作为词缀的起始字符在送气浊音后变为浊齿音并且接受送气成份：

बुध् + त 变为 बुद्ध（觉）。लभ् + तुम् 变为 लब्धुम्（贪，不定式）。

49. ज् 在 त् 前，在一些词根中变为 क्，在一些词根中变为ष्。词根 युज् 的过去时分词是 युक्त yukta（套上挽具的），सृज्（创造）的过去时分词 सृष्ट sṛṣṭa（§47）。

50. श् 在 त् 前变成 ष्（§47）：词根 दृश् 的过去时分词 दृष्ट（看见了）。

51. a）ह् 和后面的 त् थ् ध् 融合成 ढ्，前面的短元音除 ऋ 以外变为长音。

लिह् + त 变为 लीढ līḍha（已舔），लिह् + तः（现在时双数第三人称）和 लिह् + थः（现在时双数第二人称）都变成 लीढः（他俩舔，你俩舔），लिह् + ध्वे（中间语态复数第二人称）变为 लीढ्वे（你们自舔）。दृह् + त 变为 दृढ dṛḍha（牢固的）。

b）以 द् 为初音的词根（दह् दिह् दुह् द्रुह्）以及 स्निह्，这些词的 ह् 在 त् 等之前依照 घ् 处

理（根据 §48）。

दुह् + त 变为 दुग्ध dugdha（挤过奶的）。

注：ज् 和 ह् 一样有双重来源，所以产生第18条II、 III项以及第 49、51 条不同的处理方式。

第51条的例外：从 मुह्（迷惑）可构成 मुग्ध（胆怯的）以及 मूढ（愚蠢的）。नह्（固，系住）的 ह् 当作 ध् 处理。नह् + त 变为 नद्ध （被捆住的）。वह्（驾驶）、सह्（忍受）依照 §51-a 处理，但同时 ओ 代替 अ，वह् + तुम् 变为 वोढुम् voḍhum（驾驶）。

52. 在以 स् 起首的变位语尾前：

a）ज् 、श् 、ष् 以及 ह् 总是变为 क्，后面的 स् 变为 ष् （§46）。

विश् 的将来时单数第三人称 वेश् + स्यति 变为 वेक्ष्यति vekṣyati（他将进来）。द्विष् 的现在时单数第二人称 द्वेष् + सि变为 द्वेक्षि dvekṣi（你恨）。लिह् 的现在时单数第二人称 लेह् + सि 变为 लेक्षि lekṣi（你舔）。

b）स् 保持不变：शास्（命令）的现在时单数第二人称 शास्सि。आस्（坐）的现在时中间语态单数第二人称 आस्से。

注：在 स् 前，स् 有时候变为त्。वस्（住）将来时单数第一人称 वत्स्यामि。

53. र् 在以辅音为初音的语尾前保持不变。पुर्（城）的复数依格 पूर्षु（§§42，46），भृ（背负）的现在时单数第二人称 बिभर्षि。

54. न् 在 च् 和 ज् 后变为ञ् ：राजन्（国王）构成单数具格 राज्ञा rājñā。

55. a）尾音 न् 和 म् 经常在以辅音为初音的后缀前消失：गम् 的过去时分词 गत（走了）。

b）如果它们不消失，न् 和 म् 就在咝音前变为 Anusvāra，म् 在其他辅音（除 य 外）之前变为 न् 。हन्（打）的现在时单数第二人称 हन् + सि 变为 हंसि haṃsi。गम्（去）的不定式：गन्तुम् gantum。

屈折变化

名词性词的变格

56. 梵文有三性、三数，而且在每一数中有八格：体格、业格、具格、为格、从格、属格、依格、呼格。规则的格尾如下：

	单数	双数	复数
体	स्	औ，【中性】 ई	अस्，【中性】 इ
业	अम्		
具	आ		भिस्
为	ए	भ्याम्	
从			भ्यस्
属	अस्		आम्
依	इ	ओस्	सु

双数和复数的呼格总是和体格相同，单数的呼格经常和体格相同。中性单数体格和业格没有语尾，例外是 अ- 语干，要加 म्。

57. 以元音为尾音的语干变化多不规则，最不符合上述规则的是 अ- 语干。अ 语干是唯一的其单数从格有特殊形式的语干。

58. 以元音为尾音的阴性语干，单数为格的语尾是 ऐ，从格、属格 आस्，依格 आम्（§§63，73），有的也同时用一般语尾（§§68，71）。

59. 所有语干加后缀 तस् 可以构成单数从格。मुख 语干的单数从格 मुखतः（从嘴中）。

格的应用

60. 业格不用介词也表示方向“往哪里”。**ग्रामम्**“往村子里”。针对言语类动词，向某人说话的“某人”是业格。有“问”、“请求”“说”、“教”、“选择”、“关闭”、“知道”等意思的动词支配双重业格。业格回答“多远、多长”等问题。

具格是 mit 格。[1] 它表示方法、工具、原因和陪同。当表达陪伴意思时，多和介词组合。在和被动态的组合中，具格表示施事者或逻辑主语。表示“像……一样、与……相似”的词支配具格。

从格表示“从哪儿来”，由来、理由。它和表示“恐惧、掩饰、听见、向……学习”的动词连用。遇到比较级以及相关的词诸如 **अन्य**“其他的”时，从格表示比较。

属格的用途非常之多。它与动词例如 **स्मृ**（回忆，思念）之类，搭配使用。它经常接近于为格，并且起为格的作用，或者用“为了……”来翻译。与动形容词（§281)联用时，行为者用具格或属格来表示。

依格表示“在……里、在……上、在……那儿、在……之间（在最高级情况下）”。应予关注的是，独立依格（与拉丁文的独立从格相似）也出现在无人称结构中：**एवं गते**“在这样的情况之下”。

61. 副词一般采用中性单数业格的形式。**सत्यम्**（真实地)、**नित्यम्**（始终)、**साधु**（好)、**नाम**（名叫……)。当然，其他的格也用作副词：**प्रायेण**（绝大部分)、**विशेषतः**（特别)。加后缀 °**वत्** 构成副词，表达“如”的意义。语干 **अमर** 构成 **अमरवत्**（像天神那样)。

以元音为尾音的名词的变格

62. 阳性以 **अ** 收尾的词，**अश्व** aśva（马)：

	单数		复数	
体	अश्वः	aśvaḥ	अश्वाः	aśvāḥ
业	अश्वम्	aśvam	अश्वान्	aśvān
具	अश्वेन	aśvena	अश्वैः	aśvaiḥ

① 译者按，这里很难用一个汉语词汇对应德语介词 mit 的概念，故而未译。

为	अश्वाय	aśvāya	अश्वेभ्यः	aśvebhyaḥ
从	अश्वात्	aśvāt	=	=
属	अश्वस्य	aśvasya	अश्वानाम्	aśvānām
依	अश्वे	aśve	अश्वेषु	aśveṣu
呼	अश्व	aśva	अश्वाः	aśvāḥ

双　数

体、业、呼	अश्वौ	aśvau
具、为、从	अश्वाभ्याम्	aśvābhyām
属、依	अश्वयोः	aśvayoḥ

以 अ 收尾的中性名词的变格也是一样，如 दान（施舍），唯单数体、业格为 दानम्，双数体、业、呼格 दाने，复数体、业、呼格 दानानि。

63. 以 आ 收尾的阴性词，कन्या（女孩）：

	单　数		复　数	
体	कन्या	kanyā	कन्याः	kanyāḥ
业	कन्याम्	kanyām	=	=
具	कन्यया	kanyayā	कन्याभिः	kanyābhiḥ
为	कन्यायै	kanyāyai	कन्याभ्यः	kanyābhyaḥ
从	कन्यायाः	kanyāyāḥ	=	=
属	=	=	कन्यानाम्	kanyānām
依	कन्यायाम्	kanyāyām	कन्यासु	kanyāsu
呼	कन्ये	kanye	कन्याः	kanyāḥ

双　数

体、业、呼	कन्ये	kanye
具、为、从	कन्याभ्याम्	kanyābhyām
属、依	कन्ययोः	kanyayoḥ

64. 以 अ、阴性 आ 收尾的形容词也像 §62 和 §63 一样变格。如 नव（新的），【阴性】नवा。许多以 अ 收尾的形容词部分地按照人称代词变格（§§117，118）。

65. 以 इ 和 उ 收尾的阳性词，कवि（诗人），पशु（牲畜）：

	单　数	复　数	单　数	复　数
体	कविः	कवयः	पशुः	पशवः
业	कविम्	कवीन्	पशुम्	पशून्
具	कविना	कविभिः	पशुना	पशुभिः
为	कवये	कविभ्यः	पशवे	पशुभ्यः
从	कवेः	=	पशोः	=
属	=	कवीनाम्	=	पशूनाम्
依	कवौ	कविषु	पशौ	पशुषु
呼	कवे	कवयः	पशो	पशवः

双　数

体、业、呼	कवी	पशू
具、为、从	कविभ्याम्	पशुभ्याम्
属、依	कव्योः kavyoḥ	पश्वोः paśvoḥ

66. 第 65 条的例外：(a) सखि 【阳性】（朋友），单数体格 सखा，业格 सखायम्，具格 सख्या，为格 सख्ये，从格、属格 सख्युः，依格 सख्यौ，呼格 सखे，双数体、业、呼格 सखायौ，复数体、呼格 सखायः，其余同 कवि §65。

67. (b)【阳性】 पति（主人、丈夫），单数具格 पत्या，为格 पत्ये，从、属格 पत्युः，依格 पत्यौ。在复合词的尾部依第 65 条规则变化，有时不作复合词也这样变。

68. 阴性以 **इ** 和 **उ** 收尾的词，**मति**（思想），**धेनु**（牛）：

	单 数	复 数	单 数	复 数
体	मतिः	मतयः	धेनुः	धेनवः
业	मतिम्	मतीः	धेनुम्	धेनूः
具	मत्या matyā	其余各格及双数同कवि §65。	धेन्वा dhenvā	其余各格及双数同पशु §65。
为	मतये 或 मत्यै		धेनवे 或 धेन्वै	
从	मतेः 或 मत्याः		धेनोः 或 धेन्वाः	
属	=		=	
依	मतौ 或 मत्याम्		धेनौ 或 धेन्वाम्	
呼	मते		धेनो	

69. 中性以 **इ** 和 **उ** 收尾的词，**वारि**（水），**मधु**（蜜）：

	单 数	复 数	单 数	复 数
体、业、呼	वारि	वारीणि	मधु	मधूनि
具	वारिणा	वारिभिः	मधुना	मधुभिः
为	वारिणे	वारिभ्यः	मधुने	मधुभ्यः
从	वारिणः	=	मधुनः	=
属	=	वारीणाम्	=	मधूनाम्
依	वारिणि	वारिषु	मधुनि	मधुषु

双 数

体、业、呼	वारिणी	मधुनी
具、为、从	वारिभ्याम्	मधुभ्याम्
属、依	वारिणोः	मधुनोः

70. 以 **इ** 和 **उ** 收尾的形容词也和名词一样变格，中性单数为格、从格、属格、依格和双数属格、依格也可以用相应的阳性字语尾。**शुचि**（纯净的），中性单数为格 **शुचिने** 或 **शुचये**，**गुरु**（重），中性单数属格 **गुरुणः** 或 **गुरोः**。

71. 以 **ई** 和 **ऊ** 收尾的单音节阴性词，**धी**（思想），**भू**（大地）：

	单 数	复 数	单 数	复 数
体	धीः	धियः	भूः	भुवः
业	धियम्	=	भुवम्	=
具	धिया	धीभिः	भुवा	भूभिः
为	धिये 或 धियै	धीभ्यः	भुवे 或 भुवै	भूभ्यः
从	धियः 或 धियाः	=	भुवः 或 भुवाः	=
属	=	धियाम् 或 धीनाम्	=	भुवाम् 或 भूनाम्
依	धियि 或 धियाम्	धीषु	भुवि 或 भुवाम्	भूषु

双 数

体、业、呼	धियौ	भुवौ
具、为、从	धीभ्याम्	भूभ्याम्
属、依	धियोः	भुवोः

72. 例外：**स्त्री**（女子）的变格如下：单数体格 **स्त्री**，业格 **स्त्रियम्** 或 **स्त्रीम्**，为格 **स्त्रियै**，从、属格 **स्त्रियाः**，依格 **स्त्रियाम्**，呼格 **स्त्रि**，复数业格 **स्त्रियः** 或 **स्त्रीः**，属格 **स्त्रीणाम्**，其余同 **धी**（§71）。

73. 以 **ई** 和 **ऊ** 收尾的多音节阴性词，**नदी**（河），**वधू**（女子）：

	单 数	复 数	单 数	复 数
体	नदी	नद्यः	वधूः	वध्वः
业	नदीम्	नदीः	वधूम्	वधूः
具	नद्या	नदीभिः	वध्वा	वधूभिः
为	नद्यै	नदीभ्यः	वध्वै	वधूभ्यः
从	नद्याः	=	वध्वाः	=
属	=	नदीनाम्	=	वधूनाम्
依	नद्याम्	नदीषु	वध्वाम्	वधूषु
呼	नदि	नद्यः	वधु	वध्वः

	双　数	
体、业、呼	नद्यौ	वध्वौ
具、为、从	नदीभ्याम्	वधूभ्याम्
属、依	नद्योः	वध्वोः

74. 例外：लक्ष्मी（幸福）单数体格 लक्ष्मीः。

以 ऋ 收尾的语干

75.（a）以 तृ 收尾的行动名词，阳性和中性，दातृ（给予者）：

	单数 阳性	单数 中性	复数 阳性	复数 中性
体	दाता	दातृ	दातारः	दातॄणि
业	दातारम्	=	दातॄन्	
具	दात्रा	दातृणा	दातृभिः	
为	दात्रे	दातृणे	दातृभ्यः	
从	दातुः	दातृणः	=	
属	=	=	दातॄणाम्	
依	दातरि	दातृणि	दातृषु	
呼	दातः（代替 दातर्）	दातृ 或 दातः	दातारः	दातॄणि

双　数	阳性	中性
体、业、呼	दातारौ	दातृणी
具、为、从	दातृभ्याम्	दातृभ्याम्
属、依	दात्रोः	दातृणोः

通过加后缀 ई 构成阴性（§295-3），并且按照 §73 变格：दात्री.

76.（b）以 ऋ 收尾的亲属名词，分阳、阴性，按性构成不同的复数业格，**पितृ**【阳性】（父亲），**मातृ**【阴性】（母亲）：

	单数		双数		复数	
体	पिता	माता			पितरः	मातरः
业	पितरम्	मातरम्	पितरौ	मातरौ	पितॄन्	मातॄः
呼	पितः（代 पितर्）	मातः			पितरः	मातरः

其余的格如同 दातृ【阳性】（§75）变化。

77. **नप्तृ**【阳性】（孙子）、**भर्तृ**（丈夫）和 **स्वसृ**【阴性】（姐妹）按 §75 变格。单数体格 **नप्ता**，**स्वसा**，单数业格 **नप्तारम्**，**स्वसारम्**，双数体、业、呼格 **नप्तारौ**，**स्वसारौ**，复数体格 **नप्तारः**，**स्वसारः**，复数业格 **नप्तॄन्**，**स्वसॄः**。

78. **नृ**（人）按 §76 变格，唯复数属格是 **नृणाम्** 或 **नृणाम्**。在单数中仅用体格 **ना**，其余各格用 **नर** 构成。

以复合元音收尾的语干

79. **गो**【阳、阴性】（牛），**नौ**【阴性】（船）。参见§40。

	单数			复数	
体、呼	गौः	नौः	体、呼	गावः	नावः
业	गाम्	नावम्	业	गाः	नावः
具	गवा	नावा	具	गोभिः	नौभिः
为	गवे	नावे	为、从	गोभ्यः	नौभ्यः
从、属	गोः	नावः	属	गवाम्	नावाम्
依	गवि	नावि	依	गोषु	नौषु

双　数

体、业、呼	गावौ	नावौ
具、为、从	गोभ्याम्	नौभ्याम्
属、依	गवोः	नावोः

以辅音为尾音的名词的变格

80. 阳性和阴性单数体格的格尾依照 §17 脱落。在以元音为初音的格尾前，语干尾音保持不变（§43）；而在以辅音为初音的语尾前，依照 §§18、26、44 处理。中性词的复数体、业、呼格在落尾辅音前（鼻音除外）插入相应的鼻音，在咝音和 ह् 前插入Anusvāra，以 स् 收尾的语干延长前面的元音。

A. 独语干名词

81. मरुत् 【阳性】（风），वाच् 【阴性】（词），स्रज् 【阴性】（花环），दिश् 【阴性】（方向；地区），द्विष् 【阳性】（敌人）：

单　数

体、呼	मरुत्	वाक्	स्रक्	दिक्	द्विट्
业	मरुतम्	वाचम्	स्रजम्	दिशम्	द्विषम्
具	मरुता	वाचा	स्रजा	दिशा	द्विषा
为	मरुते	वाचे	स्रजे	दिशे	द्विषे
从、属	मरुतः	वाचः	स्रजः	दिशः	द्विषः
依	मरुति	वाचि	स्रजि	दिशि	द्विषि

双　数

体、业、呼	मरुतौ	वाचौ	स्रजौ	दिशौ	द्विषौ
具、为、从	मरुद्भ्याम्	वाग्भ्याम्	स्रग्भ्याम्	दिग्भ्याम्	द्विड्भ्याम्
属、依	मरुतोः	वाचोः	स्रजोः	दिशोः	द्विषोः

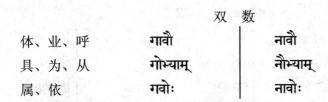

复　数

体、业、呼	मरुतः	वाचः	स्रजः	दिशः	द्विषः
具	मरुद्भिः	वाग्भिः	स्रग्भिः	दिग्भिः	द्विड्भिः
为、从	मरुद्भ्यः	वाग्भ्यः	स्रग्भ्यः	दिग्भ्यः	द्विड्भ्यः
属	मरुताम्	वाचाम्	स्रजाम्	दिशाम्	द्विषाम्
依	मरुत्सु	वाक्षु	स्रक्षु	दिक्षु	द्विट्सु

82. 与 स्रज् 一样变格的还有阳性 ऋत्विज्（祭师），रुज् 【阴性】（疾病）。但是 परिव्राज्（游方僧）的单数体格°व्राट्，复数具格 °व्राड्भिः，复数为、从格°व्राड्भ्यः，复数依格°व्राट्सु，双数具、为、从格°व्राड्भ्याम्。°राज्（国王）在复合词尾也像 परिव्राज् 一样变格。विश्【阳、阴性】（吠舍），一般用复数，复数具格 विड्भिः，复数为、从格 विड्भ्यः，复数依格 विट्सु。中性词 जगत्（世界）依照 मरुत् 变格，但是单数体、业、呼格是 जगत्，双数 जगती，复数 जगन्ति（§80）。

83. 以 अस्，इस्，उस् 收尾的中性词。मनस् 【中性】（精神），हविस् 【中性】（祭品）。参见§§33-a，34，35，43，44

	单数		双数		复数	
体、业、呼	मनः	हविः	मनसी	हविषी	मनांसि	हवींषि
具	मनसा	हविषा	मनोभ्याम्	हविर्भ्याम्	मनोभिः	हविर्भिः
为	मनसे	हविषे	=	=	मनोभ्यः	हविर्भ्यः
从	मनसः	हविषः	=	=	=	=
属	=	=	मनसोः	हविषोः	मनसाम्	हविषाम्
依	मनसि	हविषि	=	=	मनःसु 或मनस्सु	हविःषु 或हविष्षु

以 उस् 收尾的中性名词如 चक्षुस्（眼睛）依照 इस् 语干变格。

84. 以 **अस्** 收尾的阳性和阴性字在单数体格中拉长अ；**अप्सरस्**【阴性】（天女“阿波斯罗丝”），**सुमनस्** 形容词（善意）：

单数			双数		
体	अप्सराः	सुमनाः	体、业、呼	अप्सरसौ	सुमनसौ
业	अप्सरसम्	सुमनसम्	复数		
呼	अप्सरः	सुमनः	体、业、呼	अप्सरसः	सुमनसः

其余按 §83 **मनस्** 变格。

85. 以 **इस्** 和 **उस्** 收尾的阳性和阴性词只在单数业格、双数体、业、呼格、复数体、业、呼格与中性名词不同：**उदर्चिस्**（放光的）。**अचक्षुस्**（盲的）：

单数			双数		
体、呼	उदर्चिः	अचक्षुः	体、业、呼	उदर्चिषौ	अचक्षुषौ
			复数		
业	उदर्चिषम्	अचक्षुषम्	体、业、呼	उदर्चिषः	अचक्षुषः

86. 以 **र्** 收尾的语干依照 §§42、53处理，**गिर्** 【阴性】（话语）：

单数		双数		复数			
体、呼	गीः	体、业、呼	गिरौ	体、业、呼	गिरः	属	गिराम्
业	गिरम्	具、为、从	गीर्भ्याम्	具	गीर्भिः	依	गीर्षु
	省略	属、依	गिरोः	为、从	गीर्भ्यः		

B. 多语干名词性的词

87. 多语干名词性的词有两种或三种语干。阳性和阴性词的单数、双数体、业、呼格以及复数的体、呼格使用强语干。在其余各格，双语干名词性的词用弱语干，三语干名词性的词在以辅音为初音的语尾前用中语干，在以元音为初音的语尾前用最弱语干。

中性词的单数体、业、呼格用弱语干，三语干词用中语干；双数体、业、呼格用弱语干，三语干词用最弱语干；复数体、业、呼格都用强语干。其余如阳性词。

双语干的名词以弱语干、三语干的以中语干列出（例外：§§92－96，98，101，103－105）。

88. 主动语态现在分词（§267），强语干以 अन्त् 收尾，弱语干以 अत् 收尾。例如：सत्（存在着，§267-b）

		单 数	双 数	复 数
	体、呼	सन्	सन्तौ	सन्तः
	业	सन्तम्	=	सतः
	具	सता	सद्भ्याम्	सद्भिः
阳性	为	सते	=	सद्भ्यः
	从	सतः	=	=
	属	=	सतोः	सताम्
	依	सति	=	सत्सु
中性	体、业、呼	सत्	सती	सन्ति
		其余同阳性		

阴性是 सती（§73）。根据动词类别变位的差异，阴性词必须或者可以用°अन्ती 收尾（§296）。在同样的条件下，中性双数体、业、呼格必须或者可以由强语干构成。例如 भरत्（负担），阴性语干和中性双数体、业、呼格 भरन्ती。तुदत्（打），阴性语干和中性体、业、呼格 तुदती 或 तुदन्ती。

89. 重复词根（§148-a，165）用弱语干构成所有的格（中性复数体、业、呼格除外）。ददत्（给）：

		单 数	双 数	复 数
阳 性	体、呼	ददत्	ददतौ	ददतः

	业	ददतम्	=	=
中 性	体、业、呼	ददत्	ददती	ददन्ति 或 ददति

90. **महत्**（大）的强语干为 **महान्त्** 。

		单 数	双 数	复 数
阳性	体	महान्	महान्तौ	महान्तः
	业	महान्तम्	=	महतः
	呼	महन्	=	महान्तः
中性	体、业、呼	महत्	महती	महान्ति

其余的如 **सत्** §88。

91. 以 **मत्**（构成形容词）和 **वत्**（构成形容词和分词）收尾的语干以 **मान्** 和 **वान्** 构成单数体格。其余如 **सत्** §88。**धीमत्**（聪明的），**कृतवत्**（已做的）：

		单 数	双 数	复 数
阳性	体	धीमान्	धीमन्तौ	धीमन्तः
	业	धीमन्तम्	=	धीमतः
	具	धीमता	धीमद्भ्याम्	धीमद्भिः
	呼	धीमन्		其余如§88
中性	体、业、呼	धीमत्	धीमती	धीमन्ति 其余如阳性

【阴性】**धीमती**（§73）。**भवत्** 作为第二人称人称代词变化相同。

92. 以**अन्**（以及元音后的 **मन्**，**वन्**）收尾的语干：强语干**आन्**，中语干 **अ**，最弱语干 **न्**，单数依格的是 **न्** 或 **अन्**。

（a）阳性和阴性：**राजन्**【阳性】（国王）**राजान्**，**राज**，**राज्ञ्**（§54）：

	单数		双数		复数
体	**राजा**	体、呼	**राजानौ**	体、呼	**राजानः**
业	**राजानम्**	业	=	业	**राज्ञः**
具	**राज्ञा**	具	**राजभ्याम्**	具	**राजभिः**
为	**राज्ञे**	为	=	为、从	**राजभ्यः**
从、属	**राज्ञः**	从	=	属	**राज्ञाम्**
依	**राज्ञि** 或 **राजनि**	属	**राज्ञोः**	依	**राजसु**
呼	**राजन्**	依	=		

सीमन्【阴性】（边界），**पीवन्**（胖的）同样变格。

93.（b）以**अन्** 以及元音后的 **मन्**、**वन्** 收尾的中性词同上，例如 **नामन्**（名）。不同的仅是：

	单数		双数		复数
体、业	**नाम**	体、业、呼	**नाम्नी** 或 **नामनी**	体、业、呼	**नामानि**
呼	**नाम** 或 **नामन्**				

94. 以 **मन्**、**वन्** 收尾并前面直接是辅音的语干，其最弱语干是**अन्**，其余同§§92、93。**आत्मन्**【阳性】（心灵、自我），**ब्रह्मन्**【中性】（梵）：

	单数		双数		复数	
体	**आत्मा**	**ब्रह्म**	**आत्मानौ**	**ब्रह्मणी**	**आत्मानः**	**ब्रह्माणि**
业	**आत्मानम्**	=	=	=	**आत्मनः**	=
具	**आत्मना**	**ब्रह्मणा**	**आत्मभ्याम्**	**ब्रह्मभ्याम्**	**आत्मभिः**	**ब्रह्मभिः**
属	**आत्मनः**	**ब्रह्मणः**	**आत्मनोः**	**ब्रह्मणोः**	**आत्मनाम्**	**ब्रह्मणाम्**

95. **मघवन्**（因陀罗的别名），**युवन्**（年轻），**श्वन्**（狗）按照§92变格，但最弱语干是 **मघोन्**、**यून्**、**शुन्**。单数具格 **मघोना**、**यूना**、**शुना**。

96. 以 **इन्** 收尾的名词性词语：**बलिन्**（有力的），中语干 **बलि**。

	单数		双数		复数	
	阳性	中性	阳性	中性	阳性	中性
体	**बली**	**बलि**	**बलिनौ**	**बलिनी**	**बलिनः**	**बलीनि**
业	**बलिनम्**	=	=	=	=	=
具	**बलिना**		**बलिभ्याम्**		**बलिभिः**	
为	**बलिने**		=		**बलिभ्यः**	
从	**बलिनः**		=		=	
属	=		**बलिनोः**		**बलिनाम्**	
依	**बलिनि**		=		**बलिषु**	
呼	**बलिन्**	**बलि**（或 **बलिन्**）	**बलिनौ**	**बलिनी**	同体格	

【阴性】 **बलिनी**（§73）

97. 以 **ईयस्**（弱语干）收尾的比较级，强语干 **ईयांस्**。**गरीयस्**（较重的）：

		单数	双数	复数
阳性	体	**गरीयान्**	**गरीयांसौ**	**गरीयांसः**
	业	**गरीयांसम्**	=	**गरीयसः**
	具	**गरीयसा**	**गरीयोभ्याम्**	**गरीयोभिः**
	呼	**गरीयन्**	其余如 §§83，84	

中性单数体、业、呼格 **गरीयः**，双数体、业、呼格 **गरीयसी**，复数体、业、呼格 **गरीयांसि**。其余如阳性。【阴性】 **गरीयसी**（§73）。

98. 以 **वस्** 收尾的主动语态完成时分词，强语干 **वांस्**，中语干**वत्**，最弱语干 **उष**。**विद्वस्**（知道）：

		单 数		双 数		复 数
	体	विद्वान्	体、呼	विद्वांसौ	体、呼	विद्वांसः
	业	विद्वांसम्	业	=	业	विदुषः
	具	विदुषा	具	विद्वद्भ्याम्	具	विद्वद्भिः
阳性	为	विदुषे	为	=	为、从	विद्वद्भ्यः
	从、属	विदुषः	从	=	属	विदुषाम्
	依	विदुषि	属	विदुषोः	依	विद्वत्सु
	呼	विद्वन्	依	=		

中性单数体、业、呼格是 **विद्वत्**，双数体、业、呼格**विदुषी**，复数体、业、呼格**विद्वांसि**。其余如阳性。【阴性】 **विदुषी**（§73）。

99. 以 **अच्** 收尾的形容词：

a）语干：强语干 **प्राञ्च्**（东），弱语干 **प्राच्** 。

b）三语干：

强语干	中语干	最弱语干
प्रत्यञ्च्（西）	प्रत्यच्	प्रतीच्
तिर्यञ्च्（横、水平）	तिर्यच्	तिरश्च्
उदञ्च्（北）	उदच्	उदीच्

		单 数			复 数	
	体、呼	प्राङ्	प्रत्यङ्	体、呼	प्राञ्चः	प्रत्यञ्चः
	业	प्राञ्चम्	प्रत्यञ्चम्	业	प्राचः	प्रतीचः
阳性	具	प्राचा	प्रतीचा	具	प्राग्भिः	प्रत्यग्भिः
	为	प्राचे	प्रतीचे	为、从	प्राग्भ्यः	प्रत्यग्भ्यः
	从、属	प्राचः	प्रतीचः	属	प्राचाम्	प्रतीचाम्
	依	प्राचि	प्रतीचि	依	प्राक्षु	प्रत्यक्षु

双 数

体、业、呼	प्राञ्चौ	प्रत्यञ्चौ
具、为、从	प्राग्भ्याम्	प्रत्यग्भ्याम्
属、依	प्राचोः	प्रतीचोः

中性单数体、业、呼格：प्राक्, प्रत्यक्；双数体、业、呼格：प्राची, प्रतीची; 复数体、业、呼格：प्राञ्चि, प्रत्यञ्चि。其余如阳性。【阴性】प्राची, प्रतीची, तिरश्ची, उदीची（§73）。

C. 不规则语干

100. अहन्【中性】（一日）如 §93 变化，但中语干是 अहस्，单数体、业、呼格 अहर्。单数体、业、呼格：अहः（अहरहः 日复一日），双数体、业、呼格：अह्नी 或 अहनी，复数体、业、呼格：अहानि，复数具格：अहोभिः。

101. पथ्【阳性】（道路），强语干 पन्थान्, 中语干पथि，最弱语干पथ्。不规则的是单数体格。

	单 数	双 数		复 数
体、呼	पन्थाः	पन्थानौ	体	पन्थानः
业	पन्थानम्		业	पथः
具	पथा	पथिभ्याम्	具	पथिभिः 等等

102. अप्【阴性】（水）只有复数：体格 आपः，业格 अपः，具格 अद्भिः，为、从格 अद्भ्यः，属格 अपाम्，依格 अप्सु。

103. पुंस्（人），强语干 पुमांस्，中语干 पुम्，最弱语干 पुंस्。单数体格 पुमान्，业格 पुमांसम्，具格 पुंसा，呼格 पुमन्，复数体格 पुमांसः，业格 पुंसः，具格 पुंभिः，为、从格 पुंभ्यः，属格 पुंसाम्，依格 पुंसु。

104. अनडुह् 【阳性】(牛)，强语干 **अनड्वाह्**，中语干 **अनडुत्**，最弱语干 **अनडुह्**。单数体格 **अनड्वान्**，业格**अनड्वाहम्**，具格 **अनडुहा**，呼格 **अनड्वन्**，复数体格 **अनड्वाहः**，业格 **अनडुहः**，具格 **अनडुद्भिः**，属格 **अनडुहाम्**，依格 **अनडुत्सु**。

105. दिव् 【阴性】(天)，单数：**द्यौः दिवम् दिवा दिवे दिवः दिवि**，双数：**दिवौ द्युभ्याम् दिवोः**，复数：**दिवः द्युभिः द्युभ्यः दिवाम् द्युषु**。

106. पाद 【阳性】(脚) 除强语干外，所有的格都可以用 **पद्** 来构成。

107. दधि 【中性】(酸奶)，弱语干 °**धन्**：单数 **दध्ना, दध्ने, दध्नः, दध्नि** 或 **दधनि, दधि** 或 **दधे**，双数属、依格 **दध्नोः**，复数属格 **दध्नाम्** 。其余如 §69。

比较级

比较级和最高级由两种方式构成：

108. (a) 所有形容词的比较级加 **तर** (【阴性】**तरा**)，最高级加 **तम** (【阴性】 **तमा**)，都加在阳性语干上。双语干者加在弱语干上，三语干者加在中语干上。**पुण्य** (洁净)：**पुण्यतर पुण्यतम**；**धीमत्** (聪明)：**धीमत्तर धीमत्तम**；**विद्वस्** (§98)：**विद्वत्तर विद्वत्तम**；**बलिन्** (§96) **बलितर बलितम**。

109. (b) 一些形容词比较级加 **ईयस्** (§97)，【阴性】 **ईयसी**，最高级加 **इष्ठ**，【阴性】 **इष्ठा**，加在形容词特有的词根后，而词根的简单元音多变为二合元音 (§16)。带后缀 **उ** 和 **र** 的原级常见相应的用法：**लघु** (轻)，**लघीयस् लघिष्ठ**；**मृदु** (柔软) **म्रदीयस् म्रदिष्ठ**；**पृथु** (宽) **प्रथीयस् प्रथिष्ठ**；**गुरु** (重) **गरीयस् गरिष्ठ**；**दूर** (远) **दवीयस् दविष्ठ**。偶尔加 **यस्**：**प्रिय** (可爱) **प्रेयस् प्रेष्ठ**；**भूरि** (多) **भूयस् भूयिष्ठ**。原级甚至缺省：**श्रेयस् श्रेष्ठ** (较好，最好)；**कनीयस् कनिष्ठ** (较年轻，最年轻)；**ज्यायस् ज्येष्ठ** (较老，最老)。

110. 后缀 **तर** 和 **तम** 有时候加在以 **ईयस्** 和 **इष्ठ** 收尾的比较级和最高级上，例如：**गरीयस्तर**，**श्रेष्ठतर**，**श्रेष्ठतम**。

代词的变格

111. 人称代词。**मद्** 可以作为第一人称单数的语干，复数语干为 **अस्मद्**。第二人称单数语干是 **त्वद्**，复数语干为 **युष्मद्**。这些语干形式出现于复合词的前肢（§305）。

	第一人称		第二人称	
	单数	复数	单数	复数
体	अहम्	वयम्	त्वम्	यूयम्
业	माम्，मा	अस्मान्，नः	त्वाम्，त्वा	युष्मान्，वः
具	मया	अस्माभिः	त्वया	युष्माभिः
为	मह्यम्，मे	अस्मभ्यम्，नः	तुभ्यम्，ते	युष्मभ्यम्，वः
从	मत्	अस्मत्	त्वत्	युष्मत्
属	मम，मे	अस्माकम्，नः	तव，ते	युष्माकम्，वः
依	मयि	अस्मासु	त्वयि	युष्मासु

	双数		双数	
体、业	आवाम्	业格也用 नौ	युवाम्	业格也用 वाम्
具、为、从	आवाभ्याम्	为格也用 नौ	युवाभ्याम्	为格也用 वाम्
属、依	आवयोः	属格也用 नौ	युवयोः	属格也用 वाम्

मा त्वा，**मे ते**，**नौ वाम्**，**नः वः** 都是后置的粘着形式（enkl.）。从格也可以是 **मत्तः त्वत्तः** 等。

112. 指示代词。出现在 §§114，115，119，120中的中性单数体格形式可视为语干。但真正的变格语干是 **त**，**य**，**क** 等等。

113. 指示代词的特殊语尾：

中性单数体、业格 द्，阳性和中性的为格 स्मै，从格 स्मात्，依格 स्मिन्。阴性为格 स्यै，从、属格 स्याः，依格 स्याम्（在这三个语尾前，语干的 अ 保持短音）。阳性复数体格 इ，阳性、中性、阴性的属格都是 साम्。

注：以 त्र 收尾的副词也可以作为依格使用，时而也用作定语：तत्र स्थाने（在此地）。

114. 冠词和指示代词，语干 तद्。

	单数		双数		复数	
	阳性	阴性	阳性	阴性	阳性	阴性
体	सः	सा	तौ	ते	ते	ताः
业	तम्	ताम्	=	=	तान्	=
具	तेन	तया	ताभ्याम्		तैः	ताभिः
为	तस्मै	तस्यै	=		तेभ्यः	ताभ्यः
从	तस्मात्	तस्याः	=		=	=
属	तस्य	=	तयोः		तेषाम्	तासाम्
依	तस्मिन्	तस्याम्	=		तेषु	तासु

中性单数体、业格 तत्，双数体、业格 ते，复数体、业格 तानि。其余如阳性。

语干 एतद्（这个）变格同§114。阳性单数体格 एषः，【阴性】 एषा，【中性】 एतत्。सः、एषः 的形式只出现在停顿状态以及元音前。在元音前按 §35-1a，b 处理。在句内在辅音前作 स，एष。

语干 एनद्（他）也如 तद् 变格，不过只有三数的业格、单数具格和双数属、依格常见。

115. 关系代词 यद्，变格语干 य。疑问代词 किम्，变格语干 क 。

	阳性	阴性	中性	阳性	阴性	中性
单数体格	यः	या	यत्	कः	का	किम्
单数业格	यम्	याम्	=	कम्	काम्	=

其余同 तद्（§114）。

116. 依照 **यद्**（§115）变格的有：**कतर**（二者中哪一个？），**कतम**（哪一个？），**इतर**（另一个），以及 **अन्य**（另一个），例如：阳性单数体格 **अन्यः**,【阴性】 **अन्या**,【中性】**अन्यत्**。

117. 依照 **यद्**（§115）变化，只是中性单数体、业格用 **म्** 代替 **त्** 收尾的有：**एक**（一个）、**एकतर**（二者之一）、**उभय**（两者，【阴性】°**यी**）、**विश्व** 和 **सर्व**（所有、每一个）。

118. 依照§117，但是中性、阴性的单数从、依格和阳性复数体格也按名词变格的有：**अधर**（下面的）、**अन्तर**（里面的）、**अपर**（另一个）、**अवर**（后面的，西面的）、**उत्तर**（上面的、北面的）、**दक्षिण**（右边的、南面的）、**पर**（较晚的、另一个）、**पूर्व**（较早的、东面的）和 **स्व**（自己的）。

119. 语干 **इदम्**（这个）：

	单数		双数		复数	
	阳性	阴性	阳性	阴性	阳性	阴性
体	**अयम्**	**इयम्**	**इमौ**	**इमे**	**इमे**	**इमाः**
业	**इमम्**	**इमाम्**	=	=	**इमान्**	=
具	**अनेन**	**अनया**	**आभ्याम्**		**एभिः**	**आभिः**
为	**अस्मै**	**अस्यै**	=		**एभ्यः**	**आभ्यः**
从	**अस्मात्**	**अस्याः**	=		=	=
属	**अस्य**	=	**अनयोः**		**एषाम्**	**आसाम्**
依	**अस्मिन्**	**अस्याम्**	=		**एषु**	**आसु**

中性单数体、业格 **इदम्**、双数 **इमे**、复数 **इमानि**。其余如阳性。

120. 语干 **अदम्**（那个）：

	单数		双数	复数	
	阳性	阴性	阳、阴、中	阳性	阴性
体	**असौ**	**असौ**	**अमू**	**अमी**	**अमूः**

业	अमुम्	अमूम्	=	अमून्	=
具	अमुना	अमुया	अमूभ्याम्	अमीभिः	अमूभिः
为	अमुष्मै	अमुष्यै	=	अमीभ्यः	अमूभ्यः
从	अमुष्मात्	अमुष्याः	=	=	=
属	अमुष्य	=	अमुयोः	अमीषाम्	अमूषाम्
依	अमुष्मिन्	अमुष्याम्	=	अमीषु	अमूषु

中性单数体、业格 अदः，复数 अमूनि。其余如阳性。

121. 通过加上 चन、चिद् 或 अपि，疑问代词便带有不定词的意义：कः（谁）：कश्चन，कश्चित्，को ऽपि（有谁，不论谁）；क्व（哪里）：क्वचन，क्वचित्，क्वापि（无论哪里）。

数　词

122. 基数词：1 एक 2 द्वि 3 त्रि 4 चतुर् 5 पञ्चन् 6 षष् 7 सप्तन् 8 अष्टन् 9 नवन् 10 दशन् 11 एकादशन् 12 द्वादशन् 13 त्रयोदशन् 14 चतुर्दशन् 15 पञ्चदशन् 16 षोडशन् 17 सप्तदशन् 18 अष्टादशन् 19 नवदशन् 或 ऊनविंशति 20 विंशति 30 त्रिंशत् 40 चत्वारिंशत् 50 पञ्चाशत् 60 षष्टि 70 सप्तति 80 अशीति 90 नवति 100 शत 200 द्वे शते 或 द्विशत 300 त्रीणि शतानि 或 त्रिशत 1000 सहस्र 10000 अयुत 100000 लक्ष。

123. 1、6 与 20 等结合是 एक，षड्（षट्）；4、5、7、9 与 14 等同；2、3、8 与 20、30 结合为 द्वा त्रयस् अष्टा，与 80 结合是 द्वि त्रि अष्ट，与 40-70 和90结合，两种形式都用：22 द्वाविंशति，33 त्रयस्त्रिंशत्，28 अष्टाविंशति，82 द्व्यशीति。100 以上，个位数和十位数一般用 अधिक（较多、多出）连结：पञ्चाधिकं शतम् 105。

124. एक “1” 按 §117 变格，द्वि “2” 用语干 द्व（§§62，63）来变格双数：阳性体、业、呼格 द्वौ，中、阴性 द्वे；त्रि “3” 和 चतुर् “4” 如下：

	阳	中	阴	阳	中	阴
体、呼	त्रयः	त्रीणि	तिस्रः	चत्वारः	चत्वारि	चतस्रः
业	त्रीन्	=	=	चतुरः	=	=
具	त्रिभिः		तिसृभिः	चतुर्भिः		चतसृभिः
为、从	त्रिभ्यः		तिसृभ्यः	चतुर्भ्यः		चतसृभ्यः
属	त्रयाणाम्		तिसृणाम्	चतुर्णाम्		चतसृणाम्
依	त्रिषु		तिसृषु	चतुर्षु		चतसृषु

125. पञ्चन् “5” 变格如下：所有性的体、业、呼格 पञ्च，具格 पञ्चभिः，为、从格 पञ्चभ्यः，属格पञ्चानाम्，依格 पञ्चसु。सप्तन् “7”、अष्टन् “8”、नवन् “9”、दशन् “10” 以及以它们收尾的数词同样变格。अष्टन् 也可如下变格：体、业、呼格 अष्टौ，具格 अष्टाभिः，为、从格 अष्टाभ्यः，依格 अष्टासु。षष् “6”：体、业、呼格 षट्，具格 षड्भिः，为、从格 षड्भ्यः，属格 षण्णाम्，依格 षट्सु 。

126. 20-99 的数字作为阴性单数，100、1000、10000 和 100000是中性单数，被数之物或以复数同一格作为同位语，或以复数属格位于数词之旁，或与数词组合成一个复合词。षष्ट्यां वर्षेषु（60年中），चत्वारि सहस्राणि वर्षाणाम् （4000年），वर्षशतम्（100年）。

127. 序数词：第一：प्रथम 阴°मा；第二：द्वितीय；第三：तृतीय；第四：चतुर्थ 阴°र्थी，或者 तुरीय 阴°या；第五：पञ्चम 阴°मी；第六：षष्ठ；第七：सप्तम；第八：अष्टम；第九：नवम；第十：दशम；第十一：एकादश；第十二：द्वादश；第二十：विंशतितम 阴 °मी，或 विंश 阴°शी；第三十：त्रिंशत्तम， 或 त्रिंश；第四十：चत्वारिंशत्तम，或 चत्वारिंश；第五十：पञ्चशत्तम，或 पञ्चाश；第六十：（只有）षष्टितम；（但是）第六十一：एकषष्टितम，或 एकषष्ट 等等。第七十：सप्ततितम；第七十二：द्विसप्ततितम，或द्विसप्तत；第八十：अशीतितम；第八十三：त्र्यशीतितम，或 त्र्यशीत；第九十：नवतितम；第九十四：चतुर्नवतितम 或 चतुर्नवत；第一百：शततम 阴 °मी；第二百：द्विशततम，或者 द्विशत；第一千：सहस्रतम。

128. 数字副词：सकृत् 一次，द्विः 二次，त्रिः 三次，चतुः 四次，पञ्चकृत्वः 五次，षट्कृत्वः 六次，等等。

动词变位

129. 梵文的语态分主动语态（Parasmaipadam），中间语态（Ātmanepadam）和被动语态，被动语态使用中间语态的语尾（§239）。

130. 时态：现在时，未完成时，完成时，不定过去时，将来时，条件式。

注：虚词 स्म 使现在时态的词具有过去时的意义，通常表示习惯性的行为，即“习惯做……”。

语气：陈述语气，祈愿语气（可能式），命令语气。现在时有三种语气，其余的时态只有陈述语气。但是祈求式是一种不定过去时祈愿语气。

注：命令语气第一人称在形式上是已消失的虚拟式的残留。

131. 祈愿语气表示一种希望、要求、考虑、推测、可能性或者一种条件。它通常表达泛指的意义，表示所言仅仅是一种可能性，就像德语的dürfte。

132. 人称语尾分为原始的（现在时陈述语气、简单将来时）和派生的（未完成时，不定过去时、条件式、祈愿语气）。命令语气和完成时多半有自己的语尾。

原始		派生		命令语气	
主动语态	中间语态	主动语态	中间语态	主动语态	中间语态
1. मि	ए	म् (अम्)	इ	आनि	ऐ
2. सि	से	स्	थास्	-(धि)	स्व
3. ति	ते	त्	त	तु	ताम्
1. वस्	वहे	व	वहि	आव	आवहै
2. थस्	एथे (आथे)	तम्	एथाम् (आथाम्)	तम्	एथाम् (आथाम्)
3. तस्	एते (आते)	ताम्	एताम् (आताम्)	ताम्	एताम् (आताम्)
1. मस्	महे	म	महि	आम्	आमहै
2. थ	ध्वे	त	ध्वम्	त	ध्वम्
3. न्ति (अन्ति)	न्ते （अते）	न् （अन्）	न्त （अत）	न्तु (अन्तु)	न्ताम् (अताम्)

括号中的语尾属于非插入元音变位体系。

133. 祈愿语气主动语态单数第一人称的语尾是 **अम्(म्)**，中间语态 **अ**，中间语态双数第二人称 **आथाम्**，中间语态双数第三人称 **आताम्**，主动语态复数第三人称 **उर्**，中间语态 **रन्**。

134. 前加元音（Augment）是指加在动词语干之前的 **अ**。以元音为初音的词根，不是加 **अ**，而是将元音变为三合元音：**अस्**（是），未完成时单数第一人称 **आसम्** ās-am（§153）。**इ**（走），未完成时单数第一人称 **आयम्** āy-am（§§40，152）。**उक्ष्**（弄湿），未完成时单数第三人称 **औक्षत्**。未完成时、不定过去时和条件式有前加元音。

135. 不定过去时无前加元音的形式和否定词 **मा**（不要……）组合，用于命令语气（古代的命令表达式，即 Injunktiv）。**मा गाः**（不要走！）。在史诗中，未完成时前加元音失落的现象并不少见。

重复规则

136. a）辅音重复的一般规则。重复如下：

1. 送气音用相应的不送气音重复：**छिद्**（割），完成时语干 **चिच्छिद्**（§37）。**धा**（放），现在时语干 **दधा**。**भी**（害怕），现在时语干 **बिभी**。

2. 喉音用相应的腭音重复：**कृ**（做），完成时语干 **चकृ**。**गम्**（去），完成时语干 **जगम्**。而且执行上一条的规则：**खन्**（掘），完成时语干 **चखन्**。应特别记住的是：**ह्** 用 **ज्** 重复：**हु**（献祭），现在时语干 **जुहु**。

3. 多辅音用第一个辅音或它的替代音来重复：**त्वर्**（快走），完成时语干 **तत्वर्**。**क्रम्**（跨步），完成时语干 **चक्रम्**。**ह्री**（害羞），现在时语干 **जिह्री**。

4. 第 3 项的例外：如果起首辅音是一个咝音而第二个辅音是清音，则用第二个辅音或它的替代音来重复：**स्पृश्**（触），完成时语干 **पस्पृश्** 。**स्था**（站），现在时语干 **तिष्ठ**（§143h）。**स्कन्द्**（跳），完成时语干 **चस्कन्द्**。但是 **स्मृ**（回忆），完成时语干 **सस्मर्**。

b）关于重复元音将在下面的章节中讲述。

现在时语干（特殊时态）

现在时（陈述语气、祈愿语气、命令语气）和未完成时

137. 现在时根据现在时语干或特殊语干的构成分成九类，两大组，即带插入元音者和不带插入元音者的变位。1、4、6 类属于带插入元音者，而 2、3、5、7、8、9 类属于不带插入元音者。类的区别只限于现在时和未完成时，和其余的（一般）时态无关。

注：现在时类别的划分依据的是印度古典语法。

A. 带插入元音的变位

138. 所有带插入元音的类别的共同之处是：

1. 语干以插入元音 अ 收尾。अ 在以 म 和 व 起首的语尾前拉长，在中间语态尾 ए 前被淘汰。

2. 主动语态命令语气单数第二人称与语干相同。

3. 祈愿语气的标志是 ई（在元音前 ईय् ，§41），它和语干的 अ 融合成 ए（एय्）。祈愿语气用§133中列出的语尾，祈愿主动语态单数第一人称是 अम्。

带插入元音的所有类别的语尾变形相同，区别只在于现在时语干的构成。

现在时语干的构成

139. 第一类：अ 加在二合元音化的词根之后：रुह्（成长），现在时语干 रोह; मिह्（小便）मेह; जि（胜利）जय（§40）; नी（引导）नय; भू（成为）भव（§40）; हृ（拿）हर; तॄ（跨越）तर; वृध्（成长）वर्ध; पत्（落下）पत; गै（唱歌）गाय（§40）。但是 क्रीड्（游戏）क्रीड; निन्द्（谴责）निन्द（§15）。

140. 第六类。अ 加在未经变化的词根之后：तुद्（打）现在时语干तुद，दिश्（指）दिश。词根的尾音 ऋ 在 अ 前变为रिय्, 尾音 ॠ 变为 इर् 。मृ（死），现在时语干 म्रिय。कॄ（撒），किर。

注：六类动词的重音原本在后缀 अ 上，而第一类动词的重音在词根音节上。

141. 第四类，**य** 加在未经变化的词根之后：**नह्**（捆），现在时语干**नह्य**，**दिव्**（游戏），**दीव्य**（§42）。**जॄ**（老）的现在时语干：**जीर्य**（参见§242-d）。

142. 带插入元音语干的变位：**भू** 1.（成为），语干 **भव**：

现在时

	主动语态			中间语态		
	单 数	双 数	复 数	单 数	双 数	复 数
			陈述语气			
1.	भवामि	भवावः	भवामः	भवे	भवावहे	भवामहे
2.	भवसि	भवथः	भवथ	भवसे	भवेथे	भवध्वे
3.	भवति	भवतः	भवन्ति	भवते	भवेते	भवन्ते
			祈愿语气			
1.	भवेयम्	भवेव	भवेम	भवेय	भवेवहि	भवेमहि
2.	भवेः	भवेतम्	भवेत	भवेथाः	भवेयाथाम्	भवेध्वम्
3.	भवेत्	भवेताम्	भवेयुः	भवेत	भवेयाताम्	भवेरन्
			命令语气			
1.	भवानि	भवाव	भवाम	भवै	भवावहै	भवामहै
2.	भव	भवतम्	भवत	भवस्व	भवेथाम्	भवध्वम्
3.	भवतु	भवताम्	भवन्तु	भवताम्	भवेताम्	भवन्ताम्
			未完成时			
1.	अभवम्	अभवाव	अभवाम	अभवे	अभवावहि	अभवामहि
2.	अभवः	अभवतम्	अभवत	अभवथाः	अभवेथाम्	अभवध्वम्
3.	अभवत्	अभवताम्	अभवन्	अभवत	अभवेताम्	अभवन्त

143. 现在时语干的不规则构成：

	语干		语干
a）**गम्** 1.（走）	**गच्छ**	**शो** 4.（磨）	**श्य**
यम् 1.（控制）	**यच्छ**	**सो** 4.（决意）	**स्य**
ऋ 1.（走）	**ऋच्छ**	f）**कृत्** 6.（割、切）	**कृन्त**
इष् 6.（希望）	**इच्छ**	**मुच्** 6.（放开）	**मुञ्च**
b）**क्रम्** 1.（跨步）	**क्राम**,	**लिप्** 6.（涂、抹）	**लिम्प**
中间语态	**क्रम**	**लुप्** 6.（抢劫）	**लुम्प**
चम् 1.（加आ，啜）	**चाम**	**विद्** 6.（找到）	**विन्द**
गुह् 1.（掩盖）	**गूह**	**सिच्** 6.（浇）	**सिञ्च**
c）**तम्** 4.（僵硬）	**ताम्य**	g）**दंश्** 1.（咬）	**दश**
भ्रम् 4.（游荡）	**भ्राम्य**	**भ्रंश्** 4.（落）	**भ्रश्य**
शम् 4.（安静）	**शाम्य**	**रञ्ज्** 4.（脸红）	**रज्य**
श्रम् 4.（疲倦）	**श्राम्य**	h）**घ्रा** 1.（嗅）	**जिघ्र**
मद् 4.（喜欢）	**माद्य**	**पा** 1.（喝）	**पिब**
d）**जन्** 4.（唯中间语态）（生）	**जाय**	**स्था** 1.（站）	**तिष्ठ**
e）**प्रच्छ्** 6.（问）	**पृच्छ**	**सद्** 1.（坐）	**सीद**
व्यध् 4.（刺破）	**विध्य**		

注：习惯上用 **शो** 和 **सो** 来代替 **शा** 和 **सा**。

144. **दृश्**（看）的现在时语干 **पश्य्**，第 4 类，参见§190。

B. 不带插入元音的变位

145. 一般规则：

1. 所有类别都有语干分级，强语干用于现在时和未完成时主动语态陈述语气单数，主动语态命令语气第三人称单数，主动语态和中间语态命令语气全部第一人称，共十三个形式。其余用弱语干。

2. 使用 §132括号中的语尾。आथे，आते，आथाम्，आताम् 分别为第二、三人称双数中间语态。अते，अताम्，अत 分别是第三人称复数中间语态。

3. 当语干尾音是辅音时，主动语态命令语气单数第二人称用语尾 धि。语干尾音是元音，则用 हि。例外：§169涉及的词根 हु 以及§§174-a 和184所涉及者。

4. 祈愿语气标志加在弱语干上，主动语态加 या（尾音 आ 在复数第三人称的 उर् 前脱落），中间语态加 ई（在元音前是 ईय्）。主动语态单数第一人称语尾是 म्，其他的用§133中列出的语尾。祈愿语气语尾一览表：

	主动语态			中间语态		
1.	याम्	याव	याम	ईय	ईवहि	ईमहि
2.	याः	यातम्	यात	ईथाः	ईयाथाम्	ईध्वम्
3.	यात्	याताम्	युः	ईत	ईयाताम्	ईरन्

146. 语干辅音尾音的音变规则：

1. 主动语态未完成时单数第二、三人称的语尾 स् 和 त् 依照§17 脱落，尾音按照§18处理。主动语态未完成时第二、三人称 अबिभः，即 अबिभर्（§18IV），代表 abibhar-s 和 abibhar-t（§169）。अद्वेट्（§18III）代表 adveṣ-s 和 adveṣ-t（§150）。

2. 遇到以辅音为初音的语尾，§§43、44、46-51生效，在以 स् 起首的语尾前§52生效。

3. 现在时语干的尾音齿音和 स् 在语尾脱落之后（§146，1），在主动语态未完成时单数第三人称变为 त्，在主动语态未完成时单数第二人称变为 त् 或 Visarga，शास् 2.（命令），构成主动语态未完成时单数第三人称 अशात्，第二人称与第三人称相同或是अशाः。रुध् 7.（阻止），主动语态未完成时单数第二人称 अरुणत् 或 अरुणः。

第二类

147. 现在时语干和词根相同。弱语干用简单元音，强语干用二合元音：द्विष्（恨），弱语干 द्विष्，强语干 द्वेष्。इ（走），强语干 ए。विद्（知道），强语干 वेद्。

148. 变位规则：a）被归为第二类的重复词根 **चकास्**（发光）、**जक्ष्**（吃）、**जागृ**（醒）、**दरिद्रा**（穷），还有 **शास्**（§159）的主动语态第三人称复数陈述语气、命令语气、未完成时的语尾分别是**अति**，**अतु**，**उर्**（§167）。陈述语气第三人称复数 **जाग्रति**，未完成时 **अजागरुः**。

b）**विद्**（知道）的主动语态未完成时复数第三人称的语尾永远是 **उर्**，**द्विष्**（恨）和以 **आ** 收尾的词根的语尾可以是 **उर्**，在 **उर्** 前 **आ** 脱落。**अविदुः**（他们知道了）。**अयान्** 或 **अयुः**（他们走了）来自 **या**。

149. 音变规则：弱语干中的词根尾音 **उ**、**ऊ** 在元音语尾前变为 **उव्**，**ऋ** 变为 **र्**。参见§§ 146，18，43-53。

150. **द्विष्**（恨），强语干**द्वेष्**，弱语干**द्विष्**：

现在时

	主动语态			中间语态		
	单数	双数	复数	单数	双数	复数
			陈述语气			
1.	द्वेष्मि	द्विष्वः	द्विष्मः	द्विषे	द्विष्वहे	द्विष्महे
2.	द्वेक्षि	द्विष्ठः	द्विष्ठ	द्विक्षे	द्विषाथे	द्विड्ढ्वे
3.	द्वेष्टि	द्विष्टः	द्विषन्ति	द्विष्टे	द्विषाते	द्विषते
			祈愿语气			
1.	द्विष्याम्	द्विष्याव	द्विष्याम	द्विषीय	द्विषीवहि	द्विषीमहि
2.	द्विष्याः	द्विष्यातम्	द्विष्यात	द्विषीथाः	द्विषीयाथाम्	द्विषीध्वम्
3.	द्विष्यात्	द्विष्याताम्	द्विष्युः	द्विषीत	द्विषीयाताम्	द्विषीरन्
			命令语气			
1.	द्वेषाणि	द्वेषाव	द्वेषाम	द्वेषै	द्वेषावहै	द्वेषामहै
2.	द्विड्ढि	द्विष्टम्	द्विष्ट	द्विक्ष्व	द्विषाथाम्	द्विड्ढ्वम्

3.	द्वेष्टु	द्विष्टाम्	द्विषन्तु	द्विष्टाम्	द्विषाताम्	द्विषताम्

未完成时

1.	अद्वेषम्	अद्विष्व	अद्विष्म	अद्विषि	अद्विष्वहि	अद्विष्महि
2.	अद्वेट्	अद्विष्टम्	अद्विष्ट	अद्विष्ठाः	अद्विषाथाम्	अद्विड्ढ्वम्
3.	अद्वेट्	अद्विष्टाम्	अद्विषन्	अद्विष्ट	अद्विषाताम्	अद्विषत

151. दुह्（挤牛奶），主动语态 दोह्मि धोक्षि（§18，52） दोग्धि（§51-b），दुह्मः दुग्ध दुहन्ति。中间语态 दुहे धुक्षे दुग्धे，दुह्महे धुग्ध्वे दुहते。लिह्（舔），主动语态 लेह्मि लेक्षि लेढि（§51-a），लिह्मः लीढ लिहन्ति。中间语态 लिहे लिक्षे लीढे लिह्महे लीढ्वे लिहते。आस् 中间语态（坐），单数 आसे आस्से（§52-b） आस्ते，复数第二人称 आध्वे（§44），第三人称 आसते，未完成时第一人称 आसि。

152. इ 主动语态（走路），强语干 ए，在以元音起首的语尾前弱语干 य्，但中间语态加前缀 अधि（学习）则为 इय् 。

陈述语气：एमि एषि एति इवः इथः इतः इमः इथ यन्ति

命令语气：अयानि इहि एतु अयाव इतम् इताम् अयाम इत यन्तु

未完成时：आयम् ऐः ऐत् ऐव ऐतम् ऐताम् ऐम ऐत आयन्

祈愿语气：इयाम् .

加 अधि，单数第一人称 अधीये 第三人称 अधीते，复数第三人称 अधीयते。

第二类的不规则变化

153. अस्（是），如果不是助动词（§235），则只有主动语态，在前面不加 अ 的形式中，弱语干为 स्。不规则的是陈述语气、命令语气单数第二人称和未完成时单数第二、三人称。

	陈述语气			祈愿语气		
1.	अस्मि	स्वः	स्मः	स्याम्	स्याव	स्याम
2.	असि	स्थः	स्थ	स्याः	स्यातम्	स्यात
3.	अस्ति	स्तः	सन्ति	स्यात्	स्याताम्	स्युः

	命令语气			未完成时		
1.	असानि	असाव	असाम	आसम्	आस्व	आस्म
2.	एधि	स्तम्	स्त	आसीः	आस्तम्	आस्त
3.	अस्तु	स्ताम्	सन्तु	आसीत्	आस्ताम्	आसन्

154. 词根 **अन्**（呼吸）、**जक्ष्**（吃）、**रुद्**（哭）、**श्वस्**（呼吸）、**स्वप्**（睡）在以辅音起首的语尾前加 **इ**，但遇 **य** 除外。在主动语态单数第二、三人称语尾前插入 **ई** 或 **अ**。**रोदिमि रोदिषि रोदिति**，**रुदिमः रुदिथ रुदन्ति**。祈愿语气**रुद्याम्**，命令语气 **रोदानि रुदिहि रोदितु**，未完成时 **अरोदम् अरोदः** 或 **अरोदीः अरोदत्** 或 **अरोदीत्**。此外，**जक्ष्** 还可按照 §148-a 构成主动语态陈述语气、命令语气和未完成时的复数第三人称。

155. **ब्रू**（说）的强语干在以辅音为初音的语尾前插入 **ई**。陈述语气现在时 **ब्रवीमि ब्रवीषि ब्रवीति ब्रूमः ब्रूथ ब्रुवन्ति**，命令语气 **ब्रवाणि ब्रूहि ब्रवीतु**，未完成时 **अब्रवम् अब्रवीः अब्रवीत्**。中间语态 **ब्रुवे ब्रूषे ब्रूते**，复数第三人称 **ब्रुवते**。

156. 以 **उ** 收尾的词根，其强语干在以辅音为初音的语尾前将 **उ** 变为三合元音。**स्तु**（赞美），主动语态现在时陈述语气 **स्तौमि स्तौषि स्तौति**，命令语气 **स्तवानि स्तुहि स्तौतु**，未完成时 **अस्तवम् अस्तौः अस्तौत्**，复数第三人称 **अस्तुवन्**。有时候 **स्तु** 和 **रु**（嚎叫）也有像 **ब्रू**（§155）一样变位。主动语态现在时陈述语气单数第三人称 **स्तवीति**。

157. **शी**（躺）只有中间语态，并且永远用二合元音形成语干。遇现在时陈述语气、命令语气以及未完成时复数第三人称时，在语尾前插入 **र्**。陈述语气 **शये शेषे शेते शेमहे शेध्वे शेरते**，祈愿语气 **शयीय**，命令语气 **शयै शेष्व शेताम्**，复数第三人称 **शेरताम्**，未完成时 **अशयि अशेथाः अशेत**，复数第三人称 **अशेरते**。

158. **हन्**（杀）的弱语干在 **म् व् य्** 前是 **हन्**，在以其他辅音为初音的语尾前是 **ह**，在元音起首的语尾前是**घ्न**。主动语态命令语气单数第二人称 **जहि**。现在时陈述语气：**हन्मि हंसि**（§55-b）**हन्ति** ，**हन्वः**；**हथः हतः**，**हन्मः हथ घ्नन्ति**，祈愿语气 **हन्याम्** ，命令语气 **हनानि जहि हन्तु हनाम हत घ्नन्तु**，未完成时 **अहनम् अहन् अहन् अहन्म अहत अघ्नन्**。

159. शास् 主动语态（命令），弱变化除命令语气单数第二人称之外，在以辅音为初音的语尾前变成 **शिष्**，第三人称复数仍依照§148（a）变位。现在时陈述语气 **शास्मि शास्सि**（§52-b）**शास्ति शिष्मः शिष्ठ शासति**，祈愿语气**शिष्याम्**，命令语气 **शासानि शाधि**（§44，35，1c）**शास्तु**，**शासाम शिष्ट शासतु**，未完成时 **अशासम् अशाः (अशात्) अशात्** （§146，3），**अशिष्म अशिष्ट अशासुः**。

160. अद्（吃）主动语态，未完成时单数第二、三人称 **आदः आदत्** 。

161. चक्ष्（说）只有中间语态，其中的 **क्ष्** 在齿音和 **स्** 前按 **ष्** 处理：单数第二人称 **चक्षे**（§52-a），第三人称 **चष्टे**（§47）。

162. मृज् 主动语态（清除），强语干用三合元音：单数第一人称 **मार्ज्मि**，第三人称 **मार्ष्टि**（§49）。

163. वश् 主动语态（愿意）弱语干为 **उश्**，陈述语气复数第三人称 **उशन्ति**。

164. सू 中间语态（生）没有强语干：命令语气单数第一人称 **सुवै**。

第三类

165. 词根重复，弱语干用简单元音，强语干用二合元音。

166. 重复：a）辅音按照 §136 重复。

b）重复元音是短的词根元音。**ऋ** 用 **इ** 来重复。**हु**（献祭），弱语干 **जुहु**，强语干 **जुहो**。**भी**（害怕），弱语干 **बिभी**，强语干 **बिभे**。**भृ**（背负），弱语干 **बिभृ**，强语干 **बिभर्**。

167. 变位规则。现在时陈述语气主动语态复数第三人称语尾 **अति**，命令语气 **अतु**，未完成时 **उर्**。在 **उर्** 前，尾音元音变为二合元音。

168. 音变规则。在以元音为初音的语尾前，弱语干的尾音 **ई**、**उ** 和 **ऋ** 在单辅音后变为各自的半元音，**ई** 在两个辅音后变为 **इय्**（§41）。**हु** 的主动语态陈述语气复数第三人称 **जुह्वति**。**बिभ्रति** 来自 **भृ**。但是 **ह्री**（害羞）为 **जिह्रियति**。

169. हु（献祭），强语干 **जुहो**，弱语干 **जुहु**：

现在时

主动语态			中间语态		
单　数	双　数	复　数	单　数	双　数	复　数
陈述语气					
जुहोमि	जुहुवः	जुहुमः	जुह्वे	जुहुवहे	जुहुमहे
जुहोषि	जुहुथः	जुहुथ	जुहुषे	जुह्वाथे	जुहुध्वे
जुहोति	जुहुतः	जुह्वति	जुहुते	जुह्वाते	जुह्वते
祈愿语气					
जुहुयाम्	जुहुयाव	जुहुयाम	जुह्वीय	जुह्वीवहि	जह्वीमहि
命令语气					
जुहवानि	जुहवाव	जुहवाम	जुहवै	जुहवावहै	जुहवामहै
जुहुधि（§145,3）	जुहुतम्	जुहुत	जुहुष्व	जुह्वाथाम्	जुहुध्वम्
जुहोतु	जुहुताम्	जुह्वतु	जुहुताम्	जह्वाताम्	जुह्वताम्
未完成时					
अजुहवम्	अजुहुव	अजुहुम	अजुह्वि	अजुहुवहि	अजुहुमहि
अजुहोः	अजुहुतम्	अजुहुत	अजुहुथाः	अजुह्वाथाम्	अजुहुध्वम्
अजुहोत्	अजुहुताम्	अजुहवुः	अजुहुत	अजुह्वाताम्	अजुह्वत

भृ（背负），主动语态陈述语气 **बिभर्मि बिभर्षि बिभर्ति**，**बिभृमः बिभृथ बिभ्रति**，未完成时 **अबिभरम्**，第二人称 **अबिभः** 第三人称 **अबिभः**，**अबिभृम अबिभृत अबिभरुः**。参见§§53，146，168。

第三类的不规则变化

170. दा（给）和 धा（放），弱语干是 दद् 和 दध्。根据 §18 III 注，दध् 在 स् 和（与 §48 相违）त् थ् 前变为 धत्，在 ध् 前变为 धद्。主动语态命令语气单数第二人称：देहि धेहि。धा 主动语态现在时陈述语气：दधामि दधासि दधाति，दध्मः धत्थ दधति，中间语态 दधे धत्से धत्ते दध्महे धद्ध्वे दधते。

171. मा 中间语态（量）以元音 इ 用于重复。在以辅音为初音的语尾前，弱语干 मिमी，在元音前是 मिम्。现在时陈述语气 मिमे मिमीषे मिमीते，复数第三人称 मिमते。未完成时 अमिमि，第三人称 अमिमीत，复数第三人称 अमिमत。

172. हा 主动语态（遗弃、离开），在以辅音为初音的语尾前，弱语干 जहि 或 जही，在以元音为初音的语尾前以及祈愿语气中为 जह्。现在时陈述语气：जहामि जहासि जहाति，जहिमः（जहीमः）जहिथ （जहीथ）जहति。祈愿语气 जह्याम्，命令语气 जहानि जहिहि（जहीहि जहाहि） जहातु जहाम जहीत जहतु。未完成时 अजहाम्，复数第三人称 अजहुः。

第五类

173. 弱语干在词根后加 नु（णु，据§45），强语干加 नो（णो）。सु（挤出来），弱语干 सुनु，强语干 सुनो。आप्（得到），弱语干 आप्नु，强语干 आप्नो。参见 §40。

174. 变位规则：a）以元音为尾音的词根在以元音为初音的语尾前，这一类的标志 नु 变为 न्व्，在 व 和 म 前，उ 可以丢掉。主动语态命令语气单数第二人称没有语尾。参见§175。

b）以辅音为尾音的词根在以元音为初音的语尾前，नु 变为 नुव्，并且按规则加 हि 构成主动语态命令语气单数第二人称，例如 आप्नुहि，参见 §176。

175. सु（挤出来），强语干 **सुनो**，弱语干 **सुनु**：

现在时

主动语态			中间语态		
单　数	双　数	复　数	单　数	双　数	复　数
		陈述语气			
सुनोमि	सुनुवः	सुनुमः	सुन्वे	सुनुवहे	सुनुमहे
	(सुन्वः)	(सुन्मः)		(सुन्वहे)	(सुन्महे)
सुनोषि	सुनुथः	सुनुथ	सुनुषे	सुन्वाथे	सुनुध्वे
सुनोति	सुनुतः	सुन्वन्ति	सुनुते	सुन्वाते	सुन्वते
		祈愿语气			
सुनुयाम्	सुनुयाव	सुनुयाम	सुन्वीय	सुन्वीवहि	सुन्वीमहि
		命令语气			
सुनवानि	सुनवाव	सुनवाम	सुनवै	सुनवावहै	सुनवामहै
सुनु	सुनुतम्	सुनुत	सुनुष्व	सुन्वाथाम्	सुनुध्वम्
सुनोतु	सुनुताम्	सुन्वन्तु	सुनुताम्	सुन्वाताम्	सुन्वताम्
		未完成时			
असुनवम्	असुनुव	असुनुम	असुन्वि	असुनुवहि	असुनुमहि
	(असुन्व)	(असुन्म)		(असुन्वहि)	(असुन्महि)
असुनोः	असुनुतम्	असुनुत	असुनुथाः	असुन्वाथाम्	असुनुध्वम्
असुनोत्	असुनुताम्	असुन्वन्	असुनुत	असुन्वाताम्	असुन्वत

176. **आप्**（得到），强语干**आप्नो**，弱语干**आप्नु**：

陈述语气

आप्नोमि	आप्नुवः	आप्नुमः	आप्नुवे	आप्नुवहे	आप्नुमहे
आप्नोषि	आप्नुथः	आप्नुथ	आप्नुषे	आप्नुवाथे	आप्नुध्वे
आप्नोति	आप्नुतः	आप्नुवन्ति	आप्नुते	आप्नुवाते	आप्नुवते

177. 不规则变化：**श्रु**（听），强语干 **शृणो**，弱语干 **शृणु**，变化如§175。

第七类

178. 弱语干在词根的尾音辅音前插入同类鼻音，在咝音和 **ह्** 前插入Anusvāra，而强语干插入**न**（**ण**，§45）：**भिद्**（裂开），弱语干 **भिन्द्**，强语干 **भिनद्**。**रुध्**（阻挡），弱语干 **रुन्ध्**，强语干 **रुणध्**。**युज्**（套车），**युञ्ज्**，**युनज्**。**पिष्**（磨碎），**पिंष्**，**पिनष्**。需要注意 §146 的规则。

注：如果词根含一个鼻音在尾辅音前，弱语干则与词根相同。**हिंस्**（伤害），同时也是弱语干，而强语干是 **हिनस्**，参见 §46 注。

179. **भिद्**（裂开），强语干 **भिनद्**，弱语干 **भिन्द्**：

现在时

	主动语态			中间语态		
	单　数	双　数	复　数	单　数	双　数	复　数
	陈述语气					
1.	भिनद्मि	भिन्द्वः	भिन्द्मः	भिन्दे	भिन्द्वहे	भिन्द्महे
2.	भिनत्सि	भिन्त्थः	भिन्त्थ	भिन्त्से	भिन्दाथे	भिन्द्ध्वे
3.	भिनत्ति	भिन्त्तः	भिन्दन्ति	भिन्त्ते	भिन्दाते	भिन्दते

祈愿语气

1.	भिन्द्याम्	भिन्द्याव	भिन्द्याम	भिन्दीय	भिन्दीवहि	भिन्दीमहि

命令语气

1.	भिनदानि	भिनदाव	भिनदाम	भिनदै	भिनदावहै	भिनदामहै
2.	भिन्द्धि	भिन्त्तम्	भिन्त्त	भिन्त्स्व	भिन्दाथाम्	भिन्द्ध्वम्
3.	भिनत्तु	भिन्त्ताम्	भिन्दन्तु	भिन्त्ताम्	भिन्दाताम्	भिन्दताम्

未完成时

1.	अभिनदम्	अभिन्द्व	अभिन्द्म	अभिन्दि	अभिन्द्वहि	अभिन्द्महि
2.	अभिनत् (अभिनः)	अभिन्त्तम्	अभिन्त्त	अभिन्त्थाः	अभिन्दाथाम्	अभिन्द्ध्वम्
3.	अभिनत्	अभिन्त्ताम्	अभिन्दन्	अभिन्त्त	अभिन्दाताम्	अभिन्दत

180. युज् 的变化：युनज्मि युनक्षि युनक्ति，युञ्ज्मः युङ्क्थ युञ्जन्ति。未完成时：अयुनजम् अयुनक् अयुनक्，अयुञ्ज्व。पिष् 的变化：पिनष्मि पिनक्षि पिनष्टि，पिंष्मः पिंष्ठ पिंषन्ति。未完成时：अपिनषम् अपिनट् अपिनट् ，अपिंष्व。हिंस्：हिनस्मि हिनस्सि हिनस्ति，हिंस्मः हिंस्थ हिंसन्ति。命令语气第二人称单数：हिन्धि。未完成时：अहिनसम् अहिनः 或 अहिनत्，第三人称单数 अहिनत्，第二人称单数 अहिंस्व。

第八类

181. 词根加 उ 构成弱语干，加 ओ 构成强语干。तन्（伸展），弱语干 तनु，强语干 तनो。变化同 §175。

182. 不规则的是 कृ（做）：弱语干 कुरु，强语干 करो。在以 म्、य、व् 为初音的语尾前使用弱语干 कुर्：

现在时

主动语态			中间语态		
单 数	双 数	复 数	单 数	双 数	复 数
陈述语气					
करोमि	कुर्वः	कुर्मः	कुर्वे	कुर्वहे	कुर्महे
करोषि	कुरुथः	कुरुथ	कुरुषे	कुर्वाथे	कुरुध्वे
करोति	कुरुतः	कुर्वन्ति	कुरुते	कुर्वाते	कुर्वते
祈愿语气					
कुर्याम्	कुर्याव	कुर्याम	कुर्वीय	कुर्वीवहि	कुर्वीमहि
命令语气					
करवाणि	करवाव	करवाम	करवै	करवावहै	करवामहै
कुरु	कुरुतम्	कुरुत	कुरुष्व	कुर्वाथाम्	कुरुध्वम्
करोतु	कुरुताम्	कुर्वन्तु	कुरुताम्	कुर्वाताम्	कुर्वताम्
未完成时					
अकरवम्	अकुर्व	अकुर्म	अकुर्वि	अकुर्वहि	अकुर्महि
अकरोः	अकुरुतम्	अकुरुत	अकुरुथाः	अकुर्वाथाम्	अकुरुध्वम्
अकरोत्	अकुरुताम्	अकुर्वन्	अकुरुत	अकुर्वाताम्	अकुर्वत

第九类

183. 词根后加 **नी**（**णी**，§45）构成弱语干，在以元音为初音的语尾前加 **न्**（**ण्**）。加 **ना**（**णा**）构成强语干。**अश्**（吃），弱语干 **अश्नी**（**अश्न्**），强语干 **अश्ना**。**क्री**（买），弱语干 **क्रीणी**（**क्रीण्**），强语干 **क्रीणा**。

184. 以辅音收尾的第九类词根，主动语态命令语气单数第二人称语尾加 **आन**，无类标 **नी**：**अशान**（你吃吧！），但是 **क्रीणीहि**（你买吧！）。

185. **अश्**（吃），强语干 **अश्ना**，弱语干 **अश्नी**：

现在时

主动语态 单数	双数	复数	中间语态 单数	双数	复数
陈述语气					
अश्नामि	अश्नीवः	अश्नीमः	अश्ने	अश्नीवहे	अश्नीमहे
अश्नासि	अश्नीथः	अश्नीथ	अश्नीषे	अश्नाथे	अश्नीध्वे
अश्नाति	अश्नीतः	अश्नन्ति	अश्नीते	अश्नाते	अश्नते
祈愿语气					
अश्नीयाम्	अश्नीयाव	अश्नीयाम	अश्नीय	अश्नीवहि	अश्नीमहि
命令语气					
अश्नानि	अश्नाव	अश्नाम	अश्नै	अश्नावहै	अश्नामहै
अशान	अश्नीतम्	अश्नीत	अश्नीष्व	अश्नाथाम्	अश्नीध्वम्
अश्नातु	अश्नीताम्	अश्नन्तु	अश्नीताम्	अश्नाताम्	अश्नताम्

未完成时

主动语态 单数	双数	复数	中间语态 单数	双数	复数
आश्नाम्	आश्नीव	आश्नीम	आश्नि	आश्नीवहि	आश्नीमहि
आश्नाः	आश्नीतम्	आश्नीत	आश्नीथाः	आश्नाथाम्	आश्नीध्वम्
आश्नात्	आश्नीताम्	आश्नन्	आश्नीत	आश्नाताम्	आश्नत

186. 语干构成的特殊规则：

a）以 ऊ 收尾的词根缩短此元音。लू（剪），लुनामि。

b）ग्रह्（抓、拿），गृह्णामि（参见§189-a）。

c）倒数第二位的鼻音脱落。बन्ध्（捆），बध्नामि。甚至 ज्ञा（知道）也把鼻音丢掉：जानामि。

一般时态

（现在时体系以外的时态）

187. 联系元音：构成一般时态以及动名词时，以非 य् 辅音开头的语尾或者直接加在词根后，或者附加联系元音 इ（印度传统语法中叫做 इट्）。不加联系元音的词根叫 aniṭ 词根，有联系元音的叫做seṭ（sa+iṭ）词根。

注 1. 区分 aniṭ 和 seṭ 词根的规则在变形时经常被打破。总体说来，aniṭ 词根是以非 ऊ 和 ॠ 元音收尾的词根，许多以腭音、द्、ध्、न्、唇音以及 ह् 收尾的词根。

注 2. ग्रह्（拿）的联系元音是 ई（例外§§196，247，248）。

188. 以复合元音收尾的词根在一般时态中，按照以 आ 收尾的词根处理。

189. 许多词根在发生某些变化时还有一种特殊的弱等级：

a）初音或中音的 य、व、र 变为 इ、उ、ऋ（即所谓 Saṃprasāraṇa）。例如 यज्（献祭）变为 इज्，व्यध्（射中）变为 विध्，वच्（说）变为 उच्，स्वप्（睡）变为 सुप्，ग्रह्（拿）变为 गृह्，ह्वे（呼喊）变为 हू。

b）倒数第二位置的鼻音丢掉。例如 बन्ध्（捆）变为 बध्。

190. 许多词根仅见于一般时态或其中一部分。关于 दृश् 与 पश्（看）参见§144。हन्（杀）在一般时态中有时候用 वध्。इ（走）用 गा 来构成不定过去时。अस्（是）只构成现在时和完成时，在其余的形式中用 भू。प्रच्छ्（问）用 प्रश् 以及 पृश् 构成一部分形式。

完成时

191. 完成时或者由重复方式构成，或者用迂回方式构成。动词只要不属于派生的变位（§250），则一般用重复方式构成。

192. 重复。(a) 词根的初音辅音按照 §136 发生重复，使用短的词根元音。字中的复合元音用简单的短元音来重复（§14）。ऋ ॠ ऌ 和尾音复合元音（§188）用 अ 来重复：दा（给），完成时强语干（§198）ददा；जीव्（生活）जिजीव्；सेव्（服侍）सिषेव्（§46）；कृ（做），完成时弱语干 चकृ；कॄ（撒），चकर्；वृध（生长），ववृध्；गै（唱），强语干 जगा（§§188，206）。

193.（b）以元音为初音的词根：

a）初音 अ 在单辅音前变为 आ，初音 आ 保持不变。अद्（吃），完成时语干आद्；अस्（是），完成时语干 आस्；आप्（得到），完成时语干आप्。

b）在两个辅音前的初音 अ 和初音 ऋ 用 आन् 来重复。अर्च्（尊敬）आनर्च्，ऋध्（兴盛）आनृध्。

但是 ऋ（走路）则为 आर्。

c）初音 इ 和 उ 在单辅音前，在完成时弱语干中变为 ई 和 ऊ。它们在强语干时用 इय्，उव् 来重复。इष्（希望），弱语干 ईष्，强语干 इयेष्（§204）。उष्（燃烧），ऊष्，उवोष्。इ（走）也同样：弱语干 ई（ईय्，§205-b），强语干 इये。

194. य 和 व 变为相应的元音（Saṃprasāraṇa，§189-a）之后，用 इ 和 उ 来重复。

a）如果 य 和 व 是初音：यज्（献祭），完成时强语干 इयज्；वच्（说），完成时强语干 उवच्。弱语干按照 §193-c 变化：ईज्，ऊच्。但是 यम्（控制，带辔头），完成时强语干 ययम्。

b）如果 य 和 व 在字中：व्यध्（打中），强语干 विव्यध्，弱语干 विविध्（§201-b）。स्वप्（睡），强语干 सुष्वप्，弱语干 सुषुप्。

195. 完成时的人称语尾：

主动语态	1.	अ	व	म	中间语态	1.	ए	वहे	महे
	2.	थ	अथुर्	अ		2.	से	आथे	ध्वे
	3.	अ	अतुर्	उर्		3.	ए	आते	रे

注：如果前面直接是 उ 或 ऋ，中间语态复数第二人称 ध्वे 变为 ढ्वे。在联系元音 इ 后，以及在符合第227条针对 इम् 而论及的条件下，也可以这样变。

196. 联系元音。中间语态复数第三人称永远有联系元音 इ，大多数词根在其它以辅音为初音的语尾前有联系元音。

197. §196的例外：

a）下列八个词根不要联系元音（中间语态复数第三人称除外）：द्रु（跑）、श्रु（听）、स्तु（赞美）、स्रु（流）、कृ（做）、भृ（背负）、वृ（选）、सृ（走路）。

b）以 ऋ 收尾的词根（ऋ（走路）除外）主动语态单数第二人称不用联系元音。

c）以元音（ऋ 除外）收尾的 aniṭ 词根（§187）和中间有 अ 的 aniṭ 词根主动语态单数第二人称可以有联系元音。

198. 语干等级。主动语态单数用强语干，通常还要再分等级。其余形式用弱语干。

199. 单一的完成时语干。以辅音为初音和尾音的词根，是诗节长元音的，在所有形式里不变：बन्ध्（捆）完成时语干只有 बबन्ध्；प्रच्छ्（问）只有 पप्रच्छ्；जीव्（生活）只有 जिजीव्。按 §193-a 构成的完成时语干如 आद् आस्（来自 अस्）没有等级。

等级完成时语干

200. 中间有 अ 并以单辅音收尾的词根的强语干：主动语态单数第一人称的语干可以是三合元音，主动语态单数第三人称的语干必须是三合元音。单数第二人称语干保持 अ 不变。क्रम्（跨步），单数第一人称 चक्राम 或 चक्रम，第二人称 चक्रमिथ，第三人称 चक्राम。वच्（说话），第一人称 उवाच 或 उवच，第二人称 उवक्थ 或 उवचिथ（§197c），第三人称 उवाच（§194）。

201. 中间有 अ 并以单辅音收尾的词根的弱语干：

a）以两个辅音为初音或在重复中有一个替代音的词根（在 b 中讲授的除外），弱语干不变：

त्वर्（急行），完成时弱语干तत्वर्，中间语态单数第一、三人称 तत्वरे。क्रम्（跨步），弱

语干 **चक्रम्**。**हस्**（笑），弱语干 **जहस्**。

b）词根 **गम्**（走），**जन्**（出生），**हन्**（打），**खन्**（掘），**घस्**（吃）和受 Saṃprasāraṇa（§189-a）支配的词根，丢掉词根元音：**गम्** 的弱语干 **जग्म्**，**जन्** **जज्ञ्**（§54），**हन्** **जघ्न्**（§208），**खन्** **चख्न्**，**घस्** **जक्ष्**。

须发生Saṃprasāraṇa的词根：**वच्**，弱语干 **ऊच्**（उ-उच्，§194），**वद्**（说）**ऊद्**，**वह्**（行驶）**ऊह्**，**यज्**（献祭）**ईज्**，**व्यध्**（打中）**विविध्**，**स्वप्**（睡）**सुषुप्**（§46），**ग्रह्**（抓）**जगृह्**。

c）**अ** 在单辅音之间、重复时无需替代音的词根，构成弱语干时不重复，而 **अ** 变为 **ए**。例如：**पत्**（落），完成时弱语干 **पेत्**，**मन्**（思考），**मेन्**，**यम्**（带辔、勒）**येम्**。

注：如果主动语态单数第二人称有联系元音（§197c），则用 c）中的弱语干。

202. §201-b 和 c 的变化表，**गम्**（去），**पच्**（煮）：

	主动语态			中间语态		
	单 数	双 数	复 数	单 数	双 数	复 数
1.	जगम 或 जगाम	जग्मिव	जग्मिम	जग्मे	जग्मिवहे	जग्मिमहे
2.	जगन्थ 或 जगमिथ	जग्मथुः	जग्म	जग्मिषे	जग्माथे	जग्मिध्वे
3.	जगाम	जग्मतुः	जग्मुः	जग्मे	जग्माते	जग्मिरे
1.	पपच 或 पपाच	पेचिव	पेचिम	पेचे	पेचिवहे	पेचिमहे
2.	पपक्थ 或 पेचिथ	पेचथुः	पेच	पेचिषे	पेचाथे	पेचिध्वे
3.	पपाच	पेचतुः	पेचुः	पेचे	पेचाते	पेचिरे

203. 例外：**भज्**（分）必须照 §201c 变化，**त्रस्**（发抖）、**भ्रम्**（游荡）、**राज्**（发光）等可以按照 §201c 变化。**भज्** 中间语态单数第一人称 **भेजे**。

204. 词根倒数第二位音是 **इ उ ऋ** 者，在强语干中变为二合元音。**भिद्**（破裂）单数第一人称 **बिभेद**，复数第一人称 **बिभिदिम**。**पुष्**（喂养），**पुपोष** **पुपुषिम**。**दृश्**（看）**ददर्श** **ददृशिम**。**इष्**（愿意）**इयेष** **ईषिम**（§193c）。**तुद्**（打）：

	主动语态			中间语态		
	单 数	双 数	复 数	单 数	双 数	复 数
1.	तुतोद	तुतुदिव	तुतुदिम	तुतुदे	तुतुदिवहे	तुतुदिमहे
2.	तुतोदिथ	तुतुदथुः	तुतुद	तुतुदिषे	तुतुदाथे	तुतुदिध्वे
3.	तुतोद	तुतुदतुः	तुतुदुः	तुतुदे	तुतुदाते	तुतुदिरे

205. 以 इ ई उ ऊ ऋ ॠ 收尾的词根：

a）强语干主动语态单数第一人称变为二合元音或三合元音，第二人称为二合元音，第三人称为三合元音。**नी**（引导），第一人称 **निनय** 或 **निनाय**，第二人称 **निनेथ** 或 **निनयिथ**，第三人称 **निनाय**。

b）弱语干：以 ऋ 收尾、以两个以上辅音为初音的词根，以及大部分以 ॠ 收尾的词根弱语干时也变为二合元音。其余词根用单元音。

在以元音为初音的语尾和联系元音（§196以下）之前，इ ई 变为 य्，在两个辅音后变为 इय्。而 उ ऊ 永远变为 उव्。ऋ 在简单辅音后变为 र्：

	主动语态复数			主动语态复数	
	第一人称	第三人称		第一人称	第三人称
चि	चिच्यिम	चिच्युः	श्रु（§197）	शुश्रुम	शुश्रुवुः
श्रि	शिश्रियिम	शिश्रियुः	धू	दुधुविम	दुधुवुः
नी	निन्यिम	निन्युः	मृ	मम्रिम	मम्रुः
क्री	चिक्रियिम	चिक्रियुः	स्मृ	सस्मरिम	सस्मरुः
हु	जुहुविम	जुहुवुः	कृ	चकरिम	चकरुः

इ（走路），ईयिम，ईयुः。कृ（做，§197-a）：

1.	चकर 或 चकार	चकृव	चकृम	चक्रे	चकृवहे	चकृमहे
2.	चकर्थ	चक्रथुः	चक्र	चकृषे	चक्राथे	चकृढ्वे
3.	चकार	चक्रतुः	चक्रुः	चक्रे	चक्राते	चक्रिरे

206. 以 आ 和复合元音收尾的词根（§188）主动语态单数第一、三人称语尾是औ。弱语干丢掉 आ，在以辅音为初音的语尾前要加联系元音。主动语态单数第二人称可用强语干或弱语干来构成。दा（给）：

1.	ददौ	ददिव	ददिम	ददे	ददिवहे	ददिमहे
2.	ददाथ 或 ददिथ	ददथुः	दद	ददिषे	ददाथे	ददिध्वे
3.	ददौ	ददतुः	ददुः	ददे	ददाते	ददिरे

207. ह्वे（喊）用 हू（§189-a）来构成完成时：主动语态单数第三人称 जुहाव，中间语态单数第三人称 जुहुवे。

不规则完成时

208. जि（战胜）构成完成时语干 जिगि，हि（投）जिघि，हन्（打）जघन्，जघ्न्（§201-b），चि（堆积）चिचि 或 चिकि。

209. भू（是）只有语干 बभू，在元音前 बभूव्：

1.	बभूव	बभूविव	बभूविम	बभूवे	बभूविवहे	बभूविमहे
2.	बभूविथ	बभूवथुः	बभूव	बभूविषे	बभूवाथे	बभूविध्वे 或 °ढ्वे
3.	बभूव	बभूवतुः	बभूवुः	बभूवे	बभूवाते	बभूविरे

210. विद्（知道）按完成时变位，不用重复，并且有现在时的意思 वेद वेत्थ वेद，विद्व विदथुः विदतुः，विद्म विद विदुः。

211. अह् 主动语态（说），用作现在时和完成时，变化形式不完全。这些形式是：

	单 数	双 数	复 数
2.	आत्थ	आहथुः	
3.	आह	आहतुः	आहुः

迂回完成时

212. 迂回完成时由派生动词（第十类、致使动词、意愿动词、名转动词，§§251，258，266）、以非 अ आ 诗节长元音为初音的动词，以及由 आस्（坐）来构成，विद्（知道）、भृ（担负）等可以有其它完成时形式，也可以构成迂回完成时。

213. 构成法。语尾 आम् 加在派生动词的语干后，加在其余动词的词根后（一部分词根元音变为二合元音），然后这个形式再和三个助动词 अस्、भू、कृ 之一的重复完成时组合。अस् 和 भू 只用于主动语态，不管动词是主动语态的还是中间语态的。कृ 则根据动词语态的不同而变为主动语态或是中间语态。चिन्त्（想），चिन्तयामास；तुष् 致使动词（使满意），तोषयामास；कथय् 名转动词（叙述），कथयांबभूव；ईक्ष् 中间语态（看），ईक्षांचक्रे；但是 भृ（负担），बिभरांचकार。

不定过去时

214. 不定过去时的七种形式分为两组：简单不定过去时（§§216—220）和s-不定过去时（§§221—229），所有形式都有词头अ，都用派生的语尾。关于属于不定过去时的否定命令式，参阅§135。

215. 在古典梵文中，不定过去时和未完成时以及完成时没有区别，都用来表示过去的时态。

A. 简单不定过去时

216. 第一种形式，词根不定过去时。前加 अ 的词根就是不定过去时语干。这种形式只适于以 आ 和复合元音收尾的词根（§188）以及 भू。只有主动语态。复数第三人称语尾是 उर्, 在它之前 आ 脱落。भू 的复数第三人称语尾是 अन्, 在以元音起首的语尾前变为 भूव्。दा（给），भू（是）：

अदाम्	अदाव	अदाम	अभूवम्	अभूव	अभूम
अदाः	अदातम्	अदात	अभूः	अभूतम्	अभूत
अदात्	अदाताम्	अदुः	अभूत्	अभूताम्	अभूवन्

以 आ 收尾的词根的中间语态按第四种形式构成。

217. 第二种形式，带插入元音的不定过去时。在已加词头 अ 的词根后加插入元音 अ。变化如第一类动词的未完成时（§142）中间语态少见。词根尾音 ऋ 和 ॠ 变为二合元音。**शक्**（能），不定过去时第一人称单数主动语态 **अशकम्**，**सृ**（跑）**असरम्**。

218. 许多第四类动词以及第一类、第六类的不规则动词遵从这种形式。**क्रुध्** 4.（发怒）**अक्रुधम्**；**लिप्**（涂抹，§143-f）**अलिपम्**；**गम्**（走，§143-a）**अगमम्**；**सद्**（坐，§143-h）**असदम्**。特别要记住：**शास्**（§159）**अशिषम्**；**ख्या**（说）**अख्यम्**；**ह्वे**（喊）**अह्वम्**；**दृश्**（看）**अदर्शम्**。

219. 第三种形式，重复的带插入元音的不定过去时。变化如第一类动词的未完成时，主动语态、中间语态都有。只有少数单音节动词遵从这种形式。尾音 इ 和 उ 变成 **इय्**、**उव्**。**द्रु**（跑），**अदुद्रुवम्**。字中间的 अ 消失：**पत्**（落）**अपप्तम्**，**वच्**（说）**अवोचम्**，**नश्**（消逝）**अनेशम्**。

220. 这种形式首先用于派生动词语干（第十类和致使动词，§251）构成不定过去时。उ 词根的重复音节元音大多是 उ 或 ऊ，其余的词根用 इ 或 ई。在此规则中，重复音节和词根音节长短不同（‒ ⌣）。

जन् 致使动词（生产），不定过去时 **अजीजनम्**。**पॄ** 致使动词（救）**अपीपरम्**；**बुध्** 致使动词（教训）**अबूबुधम्**；**भ्रम्** 致使动词（旋转）**अबिभ्रमम्**。词根的长元音经常变为短的：**जीव्** 致使动词（使生）**अजीजिवम्**。以 आ 收尾的词根在不定过去时中也保留致使动词标志 **प्**（§255）。致使动词 **स्था**（放置）**अतिष्ठिपम्**。

B. 咝音不定过去时

221. 第四种形式，不带插入元音的 s- 不定过去时。在已附加词头 अ 的词根后加 स्（依照§46变为 ष्），这是 aniṭ 词根常用的不定过去时（§187）。

222. 词根元音的处理：

1. 词根元音在主动语态变为三合元音：नी（引导），不定过去时主动语干 अनैष्；श्रु（听）अश्रौष्；कृ（做）अकार्ष्；तुद्（打）अतौत्स्；भज्（分）अभाक्ष्（§52-a）；दृश्（看）अद्राक्ष्（§16）。

2. 中间语态：尾音 इ ई उ ऊ 变为二合元音，词中元音和尾音 ऋ 保持不变。中间语态不定过去时语干 अनेष्，अतुत्स्，अभक्ष्，अकृष्，अदृक्ष्。

3. 以 आ 和复合元音收尾的词根，依照此种形式构成不定过去时中间语态时，变 आ 为 इ。例如：दा（给），不定过去时中间语态语干 अदिष्。

223. 变位规则：

1. 主动语态复数第三人称语尾 उर्，中间语态 अत。

2. 主动语态单数第二、三人称语尾是 ईस्，ईत्。

3. 不定过去时标志 स् 在下述条件下脱落：

a）在以 त् 和 थ् 为初音的语尾之前，在短元音之后，或者在非鼻音和 र् 的辅音之后。词根 तुद्：主动语态复数第二人称 अतौत्त，代替 a-taut-s-ta。中间语态单数第三人称 अतुत्त，代替 a-tut-s-ta。词根 कृ 的中间语态单数第三人称 अकृत，但主动语态复数第二人称 अकार्ष्ट。दा（给），中间语态单数第二人称 अदिथाः。मन्（认为），中间语态单数第三人称 अमंस्त（§55-b）。

b）स् 在中间语态第二人称复数 ध्वम् 之前总是脱落，而 ध्वम् 在所有非 अ、आ 元音后变为 ढ्वम्：अनेढ्वम्，但 अभग्ध्वम्。

注：如 अकृत、अदिथाः 一类的形式大约产生于词根不定过去时，而词根不定过去时最初要比在古典梵文中使用得更为广泛。

224. **नी**（引导），**कृ**（做），**तुद्**（打）：

	主动语态			中间语态		
1.	अनैषम्	अकार्षम्	अतौत्सम्	अनेषि	अकृषि	अतुत्सि
2.	अनैषीः	अकार्षीः	अतौत्सीः	अनेष्ठाः	अकृथाः	अतुत्थाः
3.	अनैषीत्	अकार्षीत्	अतौत्सीत्	अनेष्ट	अकृत	अतुत्त
1.	अनैष्व	अकार्ष्व	अतौत्स्व	अनेष्वहि	अकृष्वहि	अतुत्स्वहि
2.	अनैष्टम्	अकार्ष्टम्	अतौत्तम्	अनेषाथाम्	अकृषाथाम्	अतुत्साथाम्
3.	अनैष्टाम्	अकार्ष्टाम्	अतौत्ताम्	अनेषाताम्	अकृषाताम्	अतुत्साताम्
1.	अनैष्म	अकार्ष्म	अतौत्स्म	अनेष्महि	अकृष्महि	अतुत्स्महि
2.	अनैष्ट	अकार्ष्ट	अतौत्त	अनेढ्वम्	अकृढ्वम्	अतुद्ध्वम्
3.	अनैषुः	अकार्षुः	अतौत्सुः	अनेषत	अकृषत	अतुत्सत

225. 第五种形式，不带插入元音的 iṣ- 不定过去时。附加了词头 **अ** 的词根之后加 **इष्**。这是 ṣet- 词根常用的不定过去时。

226. 词根元音的处理：

1. 以元音收尾的词根，元音在主动语态变为三合元音，在中间语态中变为二合元音：**लू**（割）主动语态不定过去时第一人称单数 **अलाविषम्**，中间语态单数第一人称 **अलविषि**。

2. 含非 **अ** 元音并且在单辅音前的词根，在主动语态和中间语态中，都把元音变为二合元音：**बुध्**（认识）主动语态单数第一人称 **अबोधिषम्**；**रुच्**（照耀）中间语态单数第一人称 **अरोचिषि**。

3. 中间有 **अ** 并且在单辅音的词根，一些在主动语态变为三合元音，例如 **वद्**（说），主动语态单数第一人称 **अवादिषम्**。其他词根可以变为三合元音，例如 **पठ्**（学习），**अपाठिषम्** 或 **अपठिषम्**。以 **म्**，**ह्** 收尾的和一些其它的词根保持不变：**क्रम्**（跨步）**अक्रमिषम्**，**ग्रह्**（抓住）**अग्रहीषम्**（§187，注2）。

227. 变位规则。变化与 §224 所述规则一致。主动语态单数第二、三人称以 **ईस्, ईत्** 收尾。中间语态复数第二人称 **इध्वम्**，如果词根以半元音或 **ह्** 收尾，可用 **इढ्वम्**。

अलाविषम्	अलाविष्व	अलाविष्म	अलविषि	अलविष्वहि	अलविष्महि
अलावीः	अलाविष्टम्	अलाविष्ट	अलविष्ठाः	अलविषाथाम्	अलविध्वम्
अलावीत्	अलाविष्टाम्	अलाविषुः	अलविष्ट	अलविषाताम्	अलविषत

228. 第六种形式，siṣ- 不定过去时。在一些以 **आ** 和复合元音（§188）以及以 **अम्** 收尾的词根后加 **सिष्**，变化同 §227，只有主动语态。**या**（走）**अयासिषम्**；**रम्**（取乐），**अरंसिषम्** 。

1.	अयासिषम्	अयासिष्व	अयासिष्म
2.	अयासीः	अयासिष्टम्	अयासिष्ट
3.	अयासीत्	अयासिष्टाम्	अयासिषुः

229. 第七种形式，sa- 不定过去时。只用于以 **श्, ष्** 和 **ह्** 收尾并且是由非 **अ**、**आ** 元音构成的词根。词根尾音与不定过去时标志根据第 52-a 条总是融合为 **क्ष**。**दिश्**（指）**अदिक्षम्**。变位如第一类动词的未完成时，只是在中间语态单数第一人称，双数第二、三人称时不用加插入元音（§145-2）。

1.	अदिक्षम्	अदिक्षाव	अदिक्षाम	अदिक्षि	अदिक्षावहि	अदिक्षामहि
2.	अदिक्षः	अदिक्षतम्	अदिक्षत	अदिक्षथाः	अदिक्षाथाम्	अदिक्षध्वम्
3.	अदिक्षत्	अदिक्षताम्	अदिक्षन्	अदिक्षत	अदिक्षाताम्	अदिक्षन्त

祈求式

230. 每一个词根都可以构成一个类似祈愿语气的祈求式，表示一种更加强烈的愿望。变化有一部分是不规则的。

231. 主动语态的祈求式。祈求式标志是 **यास्**，用不带插入元音的变位。词根以最弱形式出现（§189）。尾音元音变化如被动语态（§242-b—d）。尾音 **आ** 大多变为 **ए**。**स्तु**（赞美）：**स्तूयासम्**；**दा**（给）：**देयासम्**。但是 **पा**（保护）：**पायासम्**。

232. 中间语态的祈求式罕见。祈求式标志是 सी（षी）。在以 त् थ् 为初音的语尾前加咝音。seṭ 词根有联系元音。词根元音一般照第四和第五种不定过去时的中间语态那样变化。भू（是）：

主动语态			中间语态		
भूयासम्	भूयास्व	भूयास्म	भविषीय	भविषीवहि	भविषीमहि
भूयाः	भूयास्तम्	भूयास्त	भविषीष्ठाः	भविषीयास्थाम्	भविषीढ्वम्（°ध्वम्）
भूयात्	भूयास्ताम्	भूयासुः	भविषीष्ट	भविषीयास्ताम्	भविषीरन्

将来时

233. 简单将来时。在二合元音化的词根后加 स्य（ष्य，§45），seṭ 词根加 इष्य。变化如现在时第一类动词陈述语气的主动语态、中间语态（§142）。दा（给），单数第一人称 दास्यामि दास्ये；गै（唱），गास्यामि（§188），नी（引导），नेष्यामि नेष्ये；भू（成为），भविष्यामि；कृ（做），करिष्यामि；हन्（杀），हनिष्यामि；क्षम्（原谅），क्षंस्यामि（§55-b）；भिद्（分开），भेत्स्यामि；बुध्（知道），भोत्स्ये（§18注）；वच्（说话），वक्ष्यामि；विश्（进来），वेक्ष्यामि（§52-a）；ग्रह्（抓），ग्रहीष्यामि（§187注2）；दृश्（看），द्रक्ष्यामि（§§16, 52-a）。第十类动词和致使动词，在以 अय् 收尾的语干后面加 इष्य。तुष् 致使动词（使满意），将来时तोषयिष्यामि。

234. 迂回将来时。在二合元音化的词根后加 ता（以 तृ 收尾的行动名词的单数体格，见§75），seṭ 词根加 इ。变化第一人称和第二人称时，°ता 和助动词 अस् 联合构成主动语态及中间语态，第三人称语干如阳性名词一样变化。कृ（做）：

主动语态	1.	कर्तास्मि	कर्तास्वः	कर्तास्मः
	2.	कर्तासि	कर्तास्थः	कर्तास्थ
	3.	कर्ता	कर्तारौ	कर्तारः

भू（成为），भवितास्मि；ग्रह्（抓），ग्रहीतास्मि（§187注2）；दृश्（看），द्रष्टास्मि（§16）。

235. 迂回将来时的中间语态罕见。单数第一人称 **कर्ताहे**，第二人称 **कर्तासे**，第三人称 **कर्ता**，双数第一人称 **कर्तास्वहे**，第二人称 **कर्तासाथे**，第三人称 **कर्तारौ**，复数第一人称 **कर्तास्महे**，第二人称 **कर्ताध्वे**，第三人称 **कर्तारः**。

236. 句法。简单将来时表示将来，特别是近期的将来，但也表示意愿以及应当如何。如果说迂回将来时与简单将来时确实有区别的话，则迂回将来时表示较远的将来。

条件式

237. 将来时语干（§233）前加词头**अ**，按第一类动词未完成时（§142）变位。**दा** 主动语态第一人称单数 **अदास्यम्**，中间语态 **अदास्ये**。

238. 在非真实条件句中，除祈愿式之外，也使用条件式。

被动语态

A. 现在时

239. 词根后加 **य**，变位如第一类动词现在时中间语态。**तुद्**（打），被动语态陈述语气第一人称单数 **तुद्यते**；**द्विष्**（恨）**द्विष्यते**；**हन्**（杀）**हन्यते**。

240. 根据第189条应进行特弱化的词根，在被动语态中应使用这种最弱形式。**बन्ध्**（捆）：**बध्यते**。Saṃprasārana：**वच्**（说话）**उच्यते**；**ग्रह्**（抓）**गृह्यते**；**ह्वे**（喊）**हूयते**。

241. **खन्**（挖掘）和 **तन्**（延长）在构成 **खन्यते** 和 **तन्यते** 以外也可构成 **खायते** 和 **तायते**。

242. 尾音元音：a）**आ** 和复合元音（§188）大多变为 **ई**，例如 **दा**（给）：**दीयते**；**पा**（喝）**पीयते**；**गै**（唱）**गीयते**。但下列词不变：**ज्ञा**（认识）**ज्ञायते**；**पा**（保护）**पायते**。

b）इ 和 उ 变长。जि（胜利）：जीयते；श्रु（听）श्रूयते。

c）ऋ 变为 रि，在两个辅音后变为 अर्。कृ（做）：क्रियते；स्मृ（回忆）स्मर्यते。

d）ॠ 变为 ईर्，在唇音后变为 ऊर्。कॄ（撒）कीर्यते；पॄ（填满）पूर्यते。

243. 第十类词根和致使动词（§251）用丢掉 अय् 的语干构成被动语态。चुर्（偷）：चोर्यते；कृ（做）कार्यते。

B. 一般时态

244. 一般时态的被动语态用中间语态来表现，例外如下：

245. 被动语态不定过去时第三人称单数在加有字头 अ 的词根后加后缀 इ。尾音元音以及单辅音前的 अ 变为三合元音，词根中的 इ उ ऋ 变为二合元音。以 आ 为尾音的词根在 इ 前插入 य्。नी（引导）：अनायि；लू（割掉）अलावि；कृ（做）अकारि；पच्（煮）अपाचि；दिश्（指示）अदेशि；बुध्（认为）अबोधि；दृश्（看）अदर्शि；दा（给）अदायि。派生语干（§251）把 अय् 丢掉：चुर् 10. अचोरि。

246. §245的例外：जन्（生）अजनि；दम्（驯服）अदमि；लभ्（达到）अलाभि 或 अलंभि；हन्（杀）अघानि 或 अवधि（§190）。

247. 以元音收尾的词根以及 ग्रह्（抓）、दृश्（看）、हन्（杀）可以在被动语态不定过去时第三人称单数（§245）之后加上第五种不定过去时中间语态的语尾（§225），构成不定过去被动语态（第三人称单数例外）。被动语态不定过去时单数第一人称：构成 अनायिषि，अकारिषि，अग्राहिषि，अदर्शिषि。हन् 构成 अघानिषि。

248. 第247条提到的词根也可依照类似的方式用被动语态不定过去时单数第三人称语干来构成一个特殊的将来时和条件式的被动语态。将来时单数第一人称 नायिष्ये，条件式 अनायिष्ये，ग्राहिष्ये，等等。

249. 在迂回完成时（§213）的被动语态中，**कृ**（**अस्**）和 **भू** 永远用中间语态的形式。

派生语干的变位

250. 除少数例外，派生语干与整个变位体系保持一致。

A. 第十类动词和致使动词

251. 词根后加 **अय्**，现在时语干为 **अय**。词根尾音 **इ ई उ ऊ ऋ ॠ** 和词根内单辅音前的 **अ** 变为三合元音，词根内的 **इ उ ऋ** 在单辅音前变为二合元音。现在时变化如第一类动词（§142）。遵循此类变化者有：a）第十类动词；b）致使动词。

252.（a）有一些动词按此变位构成现在时，但不改变意义。这正是第十类动词：**चुर्**（偷），现在时语干 **चोरय**；**पूज्**（尊敬）**पूजय**（§15）。

253.（b）每一个动词，除了它原有的现在时语干之外，可依从 **अय-** 变位，从而具有致使意义。**भू**（是），致使动词现在时语干 **भावय**（使产生）；**कृ**（做）**कारय**（使做）；**नी**（引导）**नायय**（使引导）；**पत्**（落）**पातय**（使落）；**बुध्**（认识）**बोधय**（教导）；**रञ्ज्**（（自）染）**रञ्जय**（使染）。

致使动词的特殊规则

254. 词根中的 **अ** 经常保持作短音：**गम्**（走）**गमय**（领过来），**जन्**（生）**जनय**（创造），**त्वर्**（急行）**त्वरय**（加速），**प्रथ्**（扩张）**प्रथय**（使扩张），**घट्**（可能）**घटय**（做）；但是 **उद्-घाटय**（开）。

255. 以 **आ** 为尾音的词根大多有致使标志 **पय्**，现在时 **पय**。**दा**（给）：**दापय**（使给）；**स्था**（站）**स्थापय**（放）。但是 **पा**（喝）**पायय**（令喝）；**ज्ञा**（认识）**ज्ञापय** 或 **ज्ञपय**（通知）。**स्ना**（洗澡）**स्नापय** 或 **स्नपय**（令洗澡）。

256. 不规则致使动词。ऋ（动，行走）变为 अर्पय（给予、提供）。क्षि（毁坏）变为 क्षयय 或 क्षपय。दुष्（变坏）变成 दूषय（弄坏）；पॄ（填）पूरय；प्री（使高兴）प्रीणय（使高兴）；रुह्（生长）रोहय 或 रोपय（使生长）；लभ्（得到）लंभय（使得到）；इ 前加 अधि 构成 अध्यापय（教）。

257. 第十类动词和致使动词的一般时态：完成时用迂回式（§212），不定过去时用重复式（§220）。两种将来时在 अय् 后加联系元音。将来时单数第三人称 कारयिष्यति，कारयिता。被动语态依照 §243。

B. 愿望动词

258. 词根重复，发生重复的词根后加 स्（现在时为 स）以构成愿望动词语干，有时候加联系元音 इ。重复音节使用元音 इ，只在词根有 उ ऊ 或根据 §259 而获得 ऊ 时，重复音节才使用元音 उ。变化如第一类动词。

पच्（煮）的愿望动词现在时语干 पिपक्ष（希望煮）；क्षिप्（掷）चिक्षिप्स（希望掷）；तुद्（打），तुतुत्स（希望打）；दुह्（挤牛奶）दुधुक्ष（希望挤牛奶），दृश्（看）दिदृक्ष（希望看）。

259. 尾音元音：尾音 इ 和 उ 变长音，尾音 ऋ 和 ॠ 变为 ईर्，在唇音后变为 ऊर्。श्रु（听），愿望动词现在时语干 शुश्रूष；कृ（做）चिकीर्ष；मृ（死）मुमूर्ष。

260. 不规则者：आप्（得到）ईप्स；गम्（走），जिगांस 或 जिगमिष；ग्रह्（抓）जिघृक्ष；चित्（观察）चिकित्स（痊愈）；जि（胜利）जिगीष（参见§208）；दा（给）दित्स；धा（安放）धित्स；पत्（落）पित्स 或 पिपतिष；भज्（得到）भिक्ष（乞讨）；लभ्（得到）लिप्स（希望得到）；शक्（能够）शिक्ष（学习），हन्（杀）जिघांस。

261. 完成时用迂回式（§212），不定过去时用 iṣ- 不定过去时（§225）。两种将来时有联系元音。被动语态按照第239条。

262. 愿望动词表示愿望、打算，或者表示动词所表达的行为应该发生。一些愿望动词，例如 **भिक्ष्** **शिक्ष्**（§260），差不多已经成为独立的动词。

C. 加强动词

263. 词根要发生重复。重复音节通过使用二合元音、拉长元音或别的方式得到加强。在现在时中，重复词根后加 **य**，按第一类动词中间语态变化。尾音的词根元音依照 §242 处理。**रु**（呼喊），加强动词现在时第三人称单数 **रोरूयते**；**दीप्**（闪光）**देदीप्यते**；**क्रम्**（迈步）**चंक्रम्यते**。

264. 比较少见的形式是：重复词根（不加 **य**）按第三类动词主动语态（§165）变位。强语干可在以辅音为初音的语尾前插入 **ई**。**क्रम्** 加强动词现在时单数第三人称 **चंक्रमीति**；**धू**（摇）**दोधवीति**；**जागृ** 以及类似的重复动词（§148）最初正是加强动词。

265. 加强动词表示重复的或加强的行为。“走”一类的加强动词表示漫无目的地转悠。

D. 名转动词

266. 名转动词的构成是在名词性语干后加后缀 **य**，较少加 **स्य**，变化如第一类动词的主动语态或中间语态。名词性词的尾音元音的处理不同。名转动词的意义是：“做……”，“成为……”，“希望……”，即与名词所表达者相同。**चिर**（长）**चिरय**、**चिराय**（使变长，镶边儿）；**अर्थ**（愿望）**अर्थय**（渴求）；**कृष्ण**（黑）**कृष्णाय**（染黑）；**पुत्र**（儿子）**पुत्रीय**（希望有一个儿子）；**तपस्**（苦行），**तपस्य**（实行苦行）。

注：纯粹的名词性语干有时也用作名转动词：**अङ्कुर**（新芽），**अङ्कुरति**（发新芽）。

由动词转化而来的名词性词语（动名词）

1. 时态语干的分词

267. 现在时主动语态分词：后缀 त्（अत्），强语干 न्त्（अन्त्）（§88）。阴性构成见 §296。

a）带插入元音的变化：त्（强语干 न्त्）加在以 अ 收尾的现在时语干上。भू 1. 现在时语干 भव，现在分词主动语态 भवत्；तुद् 6. तुदत्；तुष् 4.（高兴）तुष्यत्；चुर् 10. चोरयत्。愿望动词语干 ईप्स（§260）ईप्सत्。

b）不带插入元音的变化，अत्（强语干 अन्त्）加在现在时弱语干上，语干尾音的处理方式，和在以元音为初音的人称语尾前相同。द्विष् 2. 现在分词主动语态 द्विषत्；अस् 2.（§153）→ सत्；हन् 2.（§158）→ घ्नत्；सु 5. → सुन्वत्；भिद् 7. → भिन्दत्；अश् 9. → अश्नत्。重复语干（§148-a，第165条的第三类动词以及第264条的加强动词）依照 §89 处理，也就是说，它们没有强语干。हु 3.在所有的形式中作 जुह्वत्；लिह् 的加强动词只有 लेलिहत्；शास् 2.（§159）同样只有 शासत्。

268. 将来时主动语态分词如§267-a，दा，将来时语干 दास्य，将来时分词主动语态 दास्यत्，强语干 दास्यन्त्。

269. 现在时中间语态分词：a）带插入元音的动词在现在时语干后加后缀 मान（माण，§45），【阴性】 माना（माणा）。भू 1.现在时语干 भव，现在时中间语态分词 भवमान；रुह्（成长）रोहमाण。被动语态现在时（§239）也同样：कृ（做）क्रियमाण（§242-c）。

b）不带插入元音的动词在弱语干后加 आन（आण，§45），阴性加 आना（आणा），语干尾音的处理方式，和在以元音为初音的人称语尾前相同。द्विष् 2. → द्विषाण；ब्रू 2. → ब्रुवाण；शी 2.（§157）→ शयान；हु 3. → जुह्वान；सु 5. → सुन्वान；आप् 5. → आप्नुवान；भिद् 7. → भिन्दान；अश् 9. → अश्नान。不规则者：आस् 2.（坐），→ आसीन。

270. 将来时分词中间语态：后缀 मान。दा，दास्यमान。

271. 完成时分词主动语态：后缀 वस्（§98）加在完成时弱语干上。如果完成时语干是单音节的（§§ 193-a、c，201-b、c，206），那么除最弱语干外，后缀前加联系元音 इ：तुद्，完成时分词主动语态 तुतुद्वस्；जन् → जज्ञिवस्（最弱语干जज्ञुष्）；वच् → ऊचिवस्（最弱语干ऊचुष्）；पच् → पेचिवस्（पेचुष्）；नी → निनीवस्（निन्युष्）；कृ→ चकृवस्（चक्रुष्）；दा → ददिवस्（ददुष्）。但是विद्（§210）→ विद्वस्。

注：词根 गम्（走）、हन्（打）、दृश्（看）、विश्（进来）和 विद् 6.（找到）有时用联系元音。गम्→ जगन्वस्（§55-b）或 जग्मिवस्（但总是जग्मुष्）；हन्→ जघन्वस् 或 जघ्निवस्（§201-b）。

272. 完成时分词中间语态：后缀 आन (आण) 加在弱语干上，语干尾音的处理方式，和在以元音为初音的人称语尾前相同。कृ → चक्राण；पच् → पेचान；नी → निन्यान。

2. 由词根或派生动词语干变来的分词

273. 用后缀 त 和 न 构成过去时分词，及物动词的过去时分词有被动的意思，不及物动词的过去时分词只表示过去。

274. त（【阴性】 ता）直接加在以元音为尾音的词根和以辅音为尾音的aniṭ词根后。只有以辅音为尾音的seṭ词根用联系元音。श्रु → श्रुत（已听到）；भू → भूत（已成为）；कृ → कृत（已被做）；पत् → पतित（已落下）。请注意 §§47-51的音变规则：द्विष् → द्विष्ट（被憎恨）；युज् → युक्त（已被连接）；सृज् → सृष्ट（已被创造）；लभ् → लब्ध（已被得到，§48）。

275. 根据第189条，有特殊弱形式的词根在 त 前用这种特弱形式。ग्रह्，गृहीत（§187注2）参见 §277-a、b。

276. 以 आ 和复合元音为尾音的词根，凡在被动语态变化其尾音的（§242），在以 त 收尾的分词中使用以 इ 或 ई（参见 §277-g）为尾音的弱形式。保存 आ 者：ज्ञा（认识），या（走），ख्या（称呼），स्ना（洗澡），变为 ज्ञात 等等。ध्यै（沉思）变为 ध्यात。

277. 最重要的音变和不规则者如下表：

a）§189-a，159

यज्（祭祀）	इष्ट
वच्（说话）	उक्त
वद्（说）	उदित
वप्（播种）	उप्त
वस्（住）	उषित
व्यध्（刺破）	विद्ध
स्वप्（睡）	सुप्त
प्रच्छ्（问）	पृष्ट
ह्वे（呼）	हूत
शास्（命令）	शिष्ट

b）§189-b

दंश（咬）	दष्ट
बन्ध्（捆）	बद्ध
सञ्ज्（挂）	सक्त
स्रंस्（落）	स्रस्त

c）§55-a

क्षन्（伤）	क्षत
तन्（延长）	तत
मन्（想）	मत
हन्（杀）	हत
गम्（走）	गत
नम्（弯曲）	नत
यम्（控制）	यत
रम्（喜欢）	रत

d）

खन्（掘）	खात
जन्（生）	जात

e）

कम्（爱）	कान्त
क्रम्（迈）	क्रान्त
क्लम्（疲倦）	क्लान्त
दम्（驯服）	दान्त
भ्रम्（闲逛）	भ्रान्त
शम्（安静）	शान्त
श्रम्（疲倦）	श्रान्त

f）§51

दह्（烧）	दग्ध
स्निह्（爱）	स्निग्ध
गुह्（藏）	गूढ
रुह्（生长）	रूढ
लिह्（舔）	लीढ
वह्（扛）	ऊढ
सह्（忍受）	सोढ
नह्（捆）	नद्ध

g）§276

मा（量）	मित
स्था（站）	स्थित
धा（放）	हित
शो（磨砺）	शित
सो（决心）	सित
पा（喝）	पीत
गै（唱）	गीत

h）§157

शी（躺）	शयित

i）

घस्（吃）	जग्ध
दा（给）	दत्त

注：在以元音为尾音的前缀之后，दा 的过去时分词形式多半是 °त्त。आ-दा（拿）变为 आत्त。

278. 第十类动词和致使动词用 इ 来代替 अय्。चुर् 10.（偷）→ चोरित。कृ（做），致使动词过去时分词 कारित。

279. 不太常见的后缀 न (ण) 阴性 ना (णा) 永远加在词根后，不加联系元音 इ。例如：

a）加在以 ऋ 为尾音的词根后，ऋ 按照 §242-d 处理：कॄ（撒）कीर्ण；पॄ（填）पूर्ण。

b）加在另外几个以元音为尾音的词根后，如：हा（离开）→ हीन（参见§276）；क्षि（毁坏）→ क्षीण；ली（消失）→ लीन；लू（割掉）→ लून。

c）加在大多数以 द् 收尾的词根后，不依 §43 而按 §26 处理，छिद्（劈开）छिन्न；सद्（坐）सन्न；पद्（陷入）पन्न。

d）加在一些以 ग् 和 ज् 收尾的词根后（ज् 不按照 §43 而变为 ग्）：लग्（挂）लग्न；विज्（吃惊）विग्न；भञ्ज्（打破）भग्न；मज्ज्（沉）मग्न。

280. 通过加后缀 वत्（强语干 वन्त्），可以从 त 或 न 收尾的分词构成有主动意义的过去时分词：कृतवत्（做了）；छिन्नवत्（劈开了）。按照第 91 条变格。

注：以 त 和 तवत् 收尾的分词常常具有定式动词的意义。

281. 每一个词根可以加后缀 तव्य、अनीय 和 य（【阴性】°आ）而构成一个动形词或必要分词：

a）तव्य 加在二合元音化的词根后，seṭ 词根有联系元音：जि（战胜）→ जेतव्य（可以被战胜的）；कृ（做）→ कर्तव्य；भुज्（享受）→ भोक्तव्य；भू（是）→ भवितव्य（当成为）；ईक्ष्（看）→ ईक्षितव्य。以 अय् 收尾的派生语干保留 अय्：बुध् 致使动词 बोधयितव्य（教导）。

b）अनीय (अणीय) 加在二合元音化的词根后。चि（堆积）→ चयनीय；श्रु（听）→ श्रवणीय；कृ（做）→ करणीय。派生语干去掉 अय्：चिन्त् 10.（想）→ चिन्तनीय。

c）加 य：下列词汇可作为此种类型的例词：दा（给）→ देय；जि（战胜）→ जेय；भू（是）→ भव्य 或 भाव्य（当发生的）；कृ（做）→ कार्य；भिद्（劈开）→ भेद्य；मुच्（解脱）→ मोच्य；दृश्（看）→दृश्य；वच्（说）→ वाच्य。以唇音收尾者：लभ् → लभ्य；वध्（杀）→ वध्य。派生语

干：चिन्त् 10.（想）→ चिन्त्य。स्था 的致使态： स्थाप्य（§255）。

不定式和独立式

282. 不定式。在二合元音化的词根后加 तुम्。联系元音如 §281-a：दा（给），不定式 दातुम्；जि（战胜）→ जेतुम्；भू（是）→ भवितुम्；कृ（做）→ कर्तुम्；युज्（套车）→ योक्तुम्（§49）；दृश्（看）→ द्रष्टुम्（§16）；जीव्（生活）→ जीवितुम्；गम्（走）→ गन्तुम्（§55-b）；सह्（忍受、承受）→ सोढुम्（§51）；ग्रह्（拿）→ ग्रहीतुम्（§187注2）；प्रच्छ（问）→ प्रष्टुम्（§190）；तॄ（跨过）→ तरितुम् 或 तरीतुम्。派生语干：चिन्त् 10. → चिन्तयितुम्。

独立式

283. 独立式用作不变分词。它通常指示先于主句所表达的主要行为的行为，与主句拥有同一施事者。结构偶尔比较自由：मम दुःखमुत्पन्नं दृष्ट्वा युष्मान् "我看到你们以后，便生出苦恼。"

注：一些独立式有介词的作用：आदाय（接受）表示"用……，以……"；मुक्त्वा（已放弃）表示"除……以外"。

284. 第一种独立式。非复合式动词用独立式后缀 त्वा。在此后缀前，词根一般来说像在 त（§274以下）前那样变化：श्रु → श्रुत्वा（听到了）；कृ（做）→ कृत्वा；वच्（说）→ उक्त्वा；स्वप्（睡）→ सुप्त्वा；गम्（走）→ गत्वा；स्था（站）→ स्थित्वा；दा（给）→ दत्त्वा。以 ॠ 收尾的词根照 §242-d 处理：तॄ（跨过）→ तीर्त्वा。派生语干保留 अय् 。कृ 致使动词语干 कारय्，独立式 कारयित्वा。

285. 第二种独立式。复合式动词（§§299，300）用后缀 य（不变化）。例如：प्र-दा 构成 प्रदाय（给过了）；सम्-भू（产生）构成 संभूय。第240条以及第242-d条中讲到有关被动词语态的规则此处也适用。नि-बन्ध्（捆）→ निबध्य；प्र-वच्（宣告，§20-a）→ प्रोच्य；प्रति- ग्रह्（接受）→ प्रतिगृह्य；अव-तॄ（下来）→ अवतीर्य；सम्-पॄ（填）→ संपूर्य。

286. 第二种独立式的特殊规则：

a）以短元音收尾的词根用 **त्य**。**वि-जि**（打败）→ **विजित्य**，**आ-इ**（来，§20-a）→ **एत्य**；**नमस्कृत्य**（致敬，§300）。

b）**तन्**（延长，扩张）和 **हन्**（杀）丢掉鼻音，再依照 a）变化：**नि-हन्**（打倒）**निहत्य**。

c）§277-c 中述及的以 **म्** 收尾的词根和 **मन्**（想）可遵从 b 的构成法：**आ-गम्**（来）变为 **आगम्य** 或 **आगत्य**；**अव-मन्**（藐视）**अवमन्य** 或 **अवमत्य**。

d）**खन्**（掘）和 **जन्**（生）构成 **°खाय**，**°जाय** 或 **°खन्य**，**°जन्य**。参见 §277-d。

287. 第十类动词和用相同方式构成（§251，266）的动词丢掉 **अय्**。**वि-चिन्त्** 10.（沉思）→ **विचिन्त्य**；**आ-कर्णय** 名转动词（听）构成 **आकर्ण्य**。**अनु-ज्ञा** 致使动词（允许）构成 **अनुज्ञाप्य**（§255）。只是当前面的词根音节是诗节短元音的时候，才保留后缀 **अय्**：**सम्-गम्** 致使动词（使到一起）变为 **संगमय्य**（§254）。

288. 以 **अम्** 收尾的第三种独立式少见。词根元音按 §245 处理：**कृ**（做）→ **कारम्**；**वद्**（说）→ **वादम्**；**दा**（给）→ **दायम्**。

以 **अम्** 收尾的独立式尤其见于重复用法，**पा**（喝）**पायं पायम्**（一再地喝）。

词的构成

名词和形容词的构成

289. 使用两种词缀构成名词和形容词：原始词缀和派生词缀。

290. 原始词缀（在印度传统语法体系中叫做 kṛt-词缀）把词根（有时也把动词语干）变为名词语干。属于原始词缀者，有上文已经述及的构成动转形容词的（分词等）以及动转名词的词缀，例如：用来构成现在时、将来时分词（§§267-270）的主动语态词缀 -t- /-at-，中间语态词缀 -māna-/-āna-，这些词缀需加在动词语干上。构成完成时分词（§271）的词缀 -vas-（主动语态），构成过去时分词（§273—279）的词缀 -ta- 和 -na-，这些词缀加在词根的最弱级语干上。还有构成动形词（必要分词，§281）的词缀 -tavya-、-anīya- 以及 -ya-。构成不定式（§282）的词缀 -tum（业格），以及构成独立式（§283-287）的词缀 -tvā（或 -ya）。

其它常见的原始词缀或者 kṛt- 词缀如下：

（a）अ -a-，构成阳性名词，说明动词词根所表达的行为或状态，经常也被用来构成形容词或者名词，表现施事者。词根元音通常由二合元音或者三合元音所替代。这个词缀也加在有词头或者其它前缀（§299—303）的词根后。例词：जय jaya-【阳性】“胜利”（जि ji）；उदय udaya-【阳性】“升起”（इ i 加 उद् ud）；उपदेश upadeśa-【阳性】“指示”（दिश् diś 加 उप upa）；लोभ lobha-【阳性】“贪”（लुभ् lubh）；रोग roga-【阳性】“疾病”（रुज् ruj）；क्रम krama-【阳性】“步伐”（क्रम् kram）；त्याग tyāga-【阳性】“放弃，慷慨”（त्यज् tyaj）；भय bhaya-【中性】（例外）“害怕，危险”（भी bhī）；भाव bhāva-【阳性】“状，有”（भू bhū）；मिश्रीभाव miśrībhāva-【阳性】“混淆”（मिश्री + भू miśrī + bhū，§303）；निःश्वास niḥśvāsa-【阳性】“叹息”（श्वस् śvas + निस् nis）；विक्रय vikraya-【阳性】“卖”（क्री krī + वि vi）；अध्याय adhyāya-【阳

性】“读，诵，学习”（इ i 加 अधि adhi）；उपाध्याय upādhyāya-【阳性】“教师”（इ i 加 उप upa + अधि adhi）。复合形容词：सुकर sukara-“容易办到”（कृ kṛ）；दुर्लभ durlabha-“难以得到”（लभ् labh）。

（b）अन -ana-（-aṇa- §45），经常构成中性名词，说明动词词根所表达的行为或状态，说明行为或状态所凭借发生的途径或方式，等等。倒数第二位的短元音或者尾音元音变为二合元音（由致使语干构成的名词除外）。例词：गमन gamana-【中性】“行走”（गम् gam）；नयन nayana-【中性】“眼睛”（नी nī）；भोजन bhojana-【中性】“饮食”（भुज् bhuj）；मरण maraṇa-【中性】“死亡”（मृ mṛ）；भूषण bhūṣaṇa-【中性】“装饰”（भूष् bhūṣ）；आसन āsana-【中性】“座位”（आस् ās）；करण karaṇa-【中性】“工具”（कृ kṛ）；कारण kāraṇa-【中性】“因”（कारय kāraya）；वाहन vāhana-【中性】“车，乘”（वह् vah）；दान dāna-【中性】“布施”（दा dā）；आख्यान ākhyāna-【中性】“故事”（ख्या khyā + आ ā）。

（c）अस् -as-（变化见 §83）；构成一部分中性名词。倒数第二位短元音以及尾音元音变为二合元音。例词：मनस् manas-【中性】“意识，心”（मन् man）；नमस् namas-【中性】“敬礼，南无”（नम् nam）；चेतस् cetas-【中性】“思想，理智”（चित् cit）。

（d）मन् -man-（变化见 §94），主要构成中性名词。倒数第二位短元音以及尾音元音同样变为二合元音。例词：जन्मन् janman-【中性】“生”（जन् jan）；कर्मन् karman-【中性】“业”（कृ kṛ）；वर्मन् varman-【中性】“铠甲”（वृ vṛ“阻碍，抗拒”）；वेश्मन् veśman-【中性】“居所，家”（विश् viś）。词性的例外：उष्मन् uṣman-【阳性】“灼热”，ब्रह्मन् brahman-【阳性】“祭司，婆罗门”。

（e）त्र -tra- 构成中性名词，表示动词词根所表达的行为借以发生的工具或者方式，倒数第二位短元音以及尾音元音变为二合元音。例词：पात्र pātra-【中性】“杯盏，碗，盅”（पा pā，现在时语干 पिबति pibati，“喝”）；वस्त्र vastra-【中性】“衣”（वस् vas II.“穿，戴”）；नेत्र netra-【中性】“眼睛”（नी nī）；श्रोत्र śrotra【中性】“耳朵，闻”（श्रु śru）；शास्त्र śāstra-【中性】“命令，指示，学术，论著”（शास् śās）。词性的例外：मन्त्र mantra-【阳性】“主意，密咒”（मन् man）；दंष्ट्रा daṃṣṭrā-【阴性】“犬牙”（दंश् daṃś）。

（f）ति -ti-（变化见§68），构成阴性名词，说明动词词根所表达的行为或状态。这个词缀加在词根最弱的形式上（如过去时分词词缀-ta-，见 §273—277）。例词：नीति nīti-【阴性】“仪表，政治”（नी nī）；स्तुति stuti-【阴性】“赞颂”（स्तु stu）；आकृति ākṛti-【阴性】

“形状”（कृ kṛ + आ ā）；मुक्ति mukti-【阴性】“解脱”（मुच् muc）；बुद्धि buddhi-【阴性】“知识，觉”（बुध् budh）；वृद्धि vṛddhi-【阴性】“增长”（वृध् vṛdh）；सृष्टि sṛṣṭi-【阴性】“创造”（सृज् sṛj）；दृष्टि dṛṣṭi-【阴性】“见”（दृश् dṛś）；मति mati-【阴性】“心，精神”（मन् man），उक्ति ukti-【阴性】“言辞”（वच् vac）；इष्टि iṣṭi-【阴性】“祭祀”（यज् yaj）；कान्ति kānti-【阴性】“可爱”（कम् kam）；गति gati-【阴性】“行，走，趣，下一世”（गम् gam）；जाति jāti-【阴性】“生”（जन् jan）；संपत्ति saṃpatti-【阴性】“幸运”（पद् pad + सम् sam）。

（g）आ -ā- 取代 ति -ti- 加在以辅音收尾、中间元音为长音的词根后，这些词根在构成过去时分词时有联系元音；也加在派生语干之后，但排除致使以及第十类动词。例词：सेवा sevā-【阴性】“服务”（सेव् sev）；पूजा pūjā-【阴性】“供养，敬侍”（पूज् pūj）；क्रीडा krīḍā-【阴性】“游戏”（क्रीड् krīḍ）；पिपासा pipāsā-【阴性】“渴”（पा pā “喝”的愿望动词语干）；बुभुक्षा bubhukṣā-【阴性】“饥饿”（从 भुज् bhuj 的愿望动词语干构成）。

（h）उ -u- 加在愿望动词语干后，表示施事者。

（i）अक -aka-（【阴性】इका -ikā）通常可以加在所有词根以及派生动词语干上，以表现施事者。倒数第二位 इ i 或者 उ u 由二合元音替代。尾音元音或者倒数第二位的 अ a 由三合元音替代。以 आ ā 收尾的词根在附加 अक -aka-之前添加 य् y。例词：भेदक bhedaka-（【阴性】भेदिका bhedikā-）“能分者”（भिद् bhid）；नर्तक nartaka-“舞蹈者”（नृत् nṛt）；खादक khādaka-【阳性】“食者”（खाद् khād）；निन्दक nindaka-【阳性】“斥责者，骂者”（निन्द् nind）；विनाशक vināśaka-【阳性】“摧毁者”（नश् naś + वि vi）；नायक nāyaka-“导师，向导；角色（戏剧）”，नायिका nāyikā-【阴性】“贵妇；女主角（戏剧）”（नी nī）；दायक dāyaka-“施予者”（दा dā）；सेवक sevaka-【阳性】“仆人，侍者”（सेव् sev），等等。

（k）तृ -tṛ-（变化见 §75），加在词根和动词语干后，表示施事者。这个词缀的阳性单数体格 ता -tā 也用来构成迂回式将来时（§234）。词根尾音元音变为二合元音。例词：कर्तृ kartṛ-（【阴性】कर्त्री kartrī-）“施事者，行为者”（कृ kṛ）；दातृ dātṛ-“施予者”（दा dā）；रक्षितृ rakṣitṛ-“保护；保护者”（रक्ष् rakṣ）；वक्तृ vaktṛ-“说者，言者”（वच् vac）；योद्धृ yoddhṛ-“武士”（युध् yudh）；भर्तृ bhartṛ-【阳性】“负担者，丈夫”（भृ bhṛ），等等。

（l）इन् -in-（变化见 §96），构成表示施事者的名词，多加在携带前置词的词根后。词根变化形式一如附加 अक -aka- 词缀。例词：अभिभाषिन् abhibhāṣin-“白……言，对……说”（भाष् bhāṣ + अभि abhi）；उत्पादिन् utpādin-“产生”（पद् pad + उद् ud）；उपजीविन् upajīvin-

“靠……而生，依赖于”（जीव् jīv + उप upa）；निवासिन् nivāsin-“居住在……”（वस् vas + नि ni）；विनाशिन् vināśin-“毁灭的”（नश् naś + वि vi）；सहचारिन् sahacārin-“伴侣”（चर् car + सह saha）；भाविन् bhāvin-“成为，当来”（भू bhū）；योधिन् yodhin-“搏斗者”（युध् yudh）；रक्षिन् rakṣin-“卫兵，执勤”（रक्ष् rakṣ），等等。

291. 派生词缀（印度传统语法体系称之为 taddhita 词缀）用来从其它名词语干构成派生形容词和名词。最常用的如下：

（a）अ -a-，构成名词和形容词，意义不尽相同。名词的第一个元音在附加了这个词缀之后，通常要变作三合元音。例词：शौच śauca-【中性】“纯洁”（来自 शुचि śuci-）；यौवन yauvana-【中性】“青春”（来自 युवन् yuvan-）；सौहार्द sauhārda-【中性】“友谊”（来自 सुहृद् suhṛd-）；पौत्र pautra-【阳性】“儿子之子，孙子”（来自 पुत्र putra-）；पौर paura-【阳性】“城市居民”（来自 पुर pura-）；औषध auṣadha-【中性】“药”（来自 ओषधि oṣadhi-【阴性】“草药”）；वैर vaira-【中性】“敌意”（来自 वीर vīra-）；पार्थिव pārthiva-【阳性】“大地之主，国王”（来自 पृथिवी pṛthivī-）；कौरव kaurava-【阳性】“俱卢族后裔”（来自 कुरु kuru-）；वैयाकरण vaiyākaraṇa-【阳性】“语法学家”（来自व्याकरण vyākaraṇa-）；दैव daiva- ①“天神的”，②【中性】“天命”（来自 देव deva），等等。

（b）य -ya-，也被用来构词，但是较少发生三合元音的变化。例词：दारिद्र्य dāridrya-【中性】“贫穷”（来自 दरिद्र daridra-）；राज्य rājya-【中性】“统治”（来自 राज् rāj-）；वीर्य vīrya-【中性】“精进”（来自 वीर vīra-）；धैर्य dhairya-【中性】“牢固”（来自 धीर dhīra-）；सख्य sakhya-【中性】“友谊”（来自 सखि sakhi-）；आकिंचन्य ākiṃcanya-【中性】“赤贫，一无所有”（来自 अकिंचन a + kiṃcana-“绝无状态”）；माहात्म्य māhātmya-【中性】“伟大”（来自 महात्मन् mahat (§306) + ātman-）；दिव्य divya-“天上的”（来自दिव् div-）；ब्रह्मण्य brahmaṇya-“对婆罗门友善的，虔诚的”（来自 ब्रह्मन् brahman-），等等。

（c）त्व -tva-【中性】ता -tā-【阴性】构成抽象名词（可将 ता -tā- 与拉丁语的-tās，英语的-ty 相比较）。例词：दृढत्व dṛḍhatva-【中性】或者 दृढता dṛḍhatā【阴性】“牢固性”（来自 दृढ dṛḍha-“坚固的”）；भीरुत्व bhīrutva-【中性】或者 भीरुता bhīrutā-【阴性】“懦弱”（来自 भीरु bhīru-“胆怯的”）；सत्त्व sattva-【中性】“实质，真实；质量；有情”（来自 सत् sat-）；पतित्व patitva-【中性】“作为丈夫”；प्रत्यक्षता pratyakṣatā-【阴性】“可见性”；देवता devatā-

【阴性】“神性”；आयुःशेषता āyuḥśeṣatā-【阴性】“余生”。

（d）इमन् -iman-【阳性】，把一些形容词构成抽象名词，词形与在比较级和最高级词缀 -īyas-和 -iṣṭha-（见 §109）之前的形式相同。例词：गरिमन् gariman-“艰难”（来自 गुरु guru-）；महिमन् mahiman-“伟大”（来自 महत् mahat-）；प्रथिमन् prathiman-“宽大”（来自 पृथु pṛthu-），等等。

（e）मत् -mat-，वत् -vat-（变化见 §91），加在名词上，构成形容词，表现该名词的特质与特性。例词：धीमत् dhīmat-“以思维为特性的，＝聪明的”；बुद्धिमत् buddhimat-“以洞察力为特点的，＝智慧的”；त्यागवत् tyāgavat-“以好施为特点的，＝慷慨的”；बलवत् balavat-“强壮的，强大的”；धनवत् dhanavat-“具有财富的，＝富有的”；रूपवत् rūpavat-“以美丽为特点的，＝美丽的”，等等。

（f）इन् -in-，विन् -vin-，मिन् -min-（变化见 §96），构成如上类型的形容词。词缀 -in- 加在以 -a- 为末音的名词后，尾音 -a- 在这个词缀前脱落。词缀 -vin- 通常加在以 -as- 收尾的词干后，词干保持不变。词缀 -min- 仅仅在少数几个词中见到。例词：धनिन् dhanin-“拥有财富的，富有的”（来自 धन dhana-）；पद्मिनी padminī-【阴性】“拥有众多莲花的，＝莲花池”（来自 पद्म padma-）；बलिन् balin-“强壮的，强大的”（来自 बल bala-）；योगिन् yogin-“瑜伽行者”；मन्त्रिन् mantrin-【阳性】“大臣，谋臣”（来自 मन्त्र mantra-）；वैरिन् vairin-【阳性】“敌人”（来自 वैर vaira-）；वरवर्णिन् varavarṇin-“以肌肤美色为特点的，＝美丽的”（来自 वर vara- + वर्ण varṇa-）；शिखिन् śikhin-“以某种发髻为特点的”，＝①“火焰”；②“孔雀”（来自 शिखा śikhā-）；यशस्विन् yaśasvin-“以特殊的荣耀为特点的，著名的”；हस्तिन् hastin-“以其特有的一只手为特点的，＝大象”；मनस्विन् manasvin-“富有思想或理智的，聪明的”；वाग्मिन् vāgmin-“善谈的”（来自 वाच् vāc-）。

（g）इत -ita-，构成形容词，意义作“具备……的，配备……的，罹……的”，以附加了这个词缀的名词所表达的意义为其特点的。例词：पुष्पित puṣpita-“拥有花朵的，鲜花盛开的”；व्याधित vyādhita-“罹疾患的，患病的”（来自 व्याधि vyādhi-“疾病”），等等。

（h）ईय -īya-，构成形容词，具有“属于……”之意义。例词：जैमिनीय jaiminīya-“翟米尼派的”；पर्वतीय parvatīya-“属于崇山峻岭的，或者是由山所造的”；मदीय madīya-“属于我的，我的”。

（i）ईन -īna-，构成形容词，意义同上，例如：कुलीन kulīna-“贵胄家族的”；或者从形容词构成派生词汇，表示某个方向，例如：प्राचीन prācīna-“东方的”；तिरश्चीन tiraścīna-“横向的，地平线的”，等等。

（k）मय -maya-，加在名词后，构成形容词，表示由该名词“所造，所构成”，而其内容用附加了这个词缀的名词来表达。例词：हिरण्मय hiraṇmaya-（代替 hiraṇyamaya-）“金子所构成的，金的”；वाङ्मय vāṅmaya-“由言语所构成的”（来自 वाच् vāc-），等等。

（l）वत् -vat 不变词缀（§61），加在名词后，构成副词，具有“犹如”之意义，例如：मित्रवत् mitravat“像朋友那样”；आदित्यवत् ādityavat“像太阳那样”。也有这样的例词：बानवत् bānavat“犹如带着箭”，等等。

（m）第108条已经述及的词缀 तर -tara- 和 तम -tama-，为形容词比较级和最高级的词缀。

（n）ईयस् -īyas-（变化见 §97），以及 इष्ठ -iṣṭha-，构成一部分形容词的比较级和最高级（见 §109）。

292. 一些词根看起来似乎未加任何词缀而被作为名词使用：दिश् diś-【阴性】“方向，方位”；भी bhī-【阴性】“恐惧”；मुद् mud-【阴性】“喜悦”；तृष् tṛṣ-【阴性】“干渴”；युध् yudh- 作为阳性，“武士，斗士”，作为阴性，“战斗，战争”。变为三合元音的：वाच् vāc-【阴性】“言语”（来自 वच् vac“说”）。

阴性语干的构成

293. 特殊的阴性语干通过加词缀 आ 和 ई 的方式构成：

294. आ ā 加在绝大多数以 अ a 收尾的语干上：अश्व aśva-“马”，【阴性】अश्वा aśvā-“牝马”；बाल bāla-“男孩”，【阴性】बाला bālā-“女孩”；特别针对形容词和分词：नव nava-“新”，【阴性】नवा navā-；कृत kṛta-“已做”，【阴性】कृता kṛtā-。以 अक 收尾的语干大多加 इका ikā- 构成阴性：दारक dāraka-“少年，儿子”，【阴性】दारिका dārikā-“女儿，姑娘”。

295. 加 ई ：

1. 加在一部分以 अ a 收尾的语干后：देव deva-“天神”，【阴性】देवी devī-“女神”。

2. 有选择地加在以 उ u 收尾的形容词语干后：तनु tanu-（薄，瘦），【阴性】तनु tanu-（§68）或者 तन्वी tanvī-（见 §73）。

3. 加在以 ऋ 收尾的施动者名词后：दातृ dātṛ-“施予者”，【阴性】दात्री dātrī。

4. 加在有以辅音为末的词缀所形成的语干上。如果一个名词有不同的语干（弱语干，强语干），ई ī 则加在最弱语干上：बलिन् balin-“强壮”，【阴性】बलिनी balinī-；महत् mahat-（§90），【阴性】महती mahatī-；राजन् rājan-（§92），【阴性】राज्ञी rājñī-“女王”；श्वन् śvan-“狗”（§95），【阴性】शुनी śunī-；विद्वस् vidvas-“知道”（§98），【阴性】 विदुषी viduṣī。

296. 以 अत् 收尾的现在分词（§267以下）通过加 ई ī 构成它的阴性，即与中性双数体、业格（§88）有相同的形式，但遇到元音仍需发生连声，不作 pragṛhya（见 §25）。

1. 第一、四、十类动词，以及致使动词和愿望动词的的现在时分词以 अन्ती 收尾：भवन्ती bhavantī-，बोधयन्ती bodhayantī-，ईप्सन्ती īpsantī-。

2. 变位不带插入元音的动词的现在时分词以 अती 收尾：द्विषती，सती，जुह्वती 等。

3. 以 अन्ती 或 अती 收尾的有：第六类动词、将来时和第二类以 आ 收尾的动词的现在时分词。例如：तुदन्ती 或 तुदती；दास्यन्ती 或 दास्यती；यान्ती 或 याती（来自 या 2.“走”）。

297. 以 इ 收尾的名词，阴性大多不变，सखि（朋友，§66）阴性为 सखी。

298. 不规则者：युवन्（年轻的），【阴性】युवति；पति（§67）【阴性】पत्नी。一些以 वन् 收尾的名词加 वरी：पीवन्（肥胖的），【阴性】पीवरी。几个天神的名字和其他名词加 आनी。भव（湿婆），【阴性】भवानी（湿婆之妻）。

复合词

复合动词

299. 动词可以和一个或数个前缀联合。常见的前缀是：

अति	从上面，从旁边	उप	向着
अधि	从上面，在上面	नि	向下面，向里面
अनु	在后面，沿着出来	निस्	出来
अन्तर्	在中间	परा	离开……
अप	离开	परि	围绕着……
अपि	朝……而去	प्र	向前
अभि	朝着	प्रति	阻挡、回来
अव	从……往下	वि	离开，散开
आ	向着，来	सम्	同，一起
उद्	在上面，来自		

300. 某些副词与有限的一些动词组合，如：**अलम्** 加 **कृ** = 装饰；**आविस्**（公开地）与 **भू** 和 **कृ** 组合。在 **कृ** 前，**नमस्**（致敬）也作前缀处理（参见§301-b 和 286-a）。

301. 连声规则。在前缀与动词之间用句内连声。但在下列结合中则使用字内连声：

a）如果前缀中含有 **र्**，则许多词根的初音 **न्**，以及位于在后面的前缀 **नि** 变为 **ण्**（§45）：**नम्** + **प्र** 构成 **प्रणमति**（他鞠躬）。**नुद्** + **प्र** 的完成时变成 **प्रणुनोद**（他曾推动）。**पत्** + **प्र** + **नि** 构成 **प्रणिपतति**（他跌倒）。

b）在清喉音和唇音前，前缀的尾音 **स्** 在 **अ** 后面不变，在 **इ** 和 **उ** 后面变成 **ष्**：**पुरस्कृ**

（放在前面），नमस्कृ（致敬）；पत् + निस् 变为 निष्पतति（他飞出去）；क्रम् + निस् 变为 निष्कामति（他走出去）；कृ + आविस् 变为 आविष्करोति（他显示）。

c）在以 इ 和 उ 收尾的前缀和 निस् 后面，许多词根的初音 स् 变成 ष्（§46）：सद् + नि（§143-h）变为 निषीदति（他坐下）；अनु + स्था 的过去时分词（§276）成为 अनुष्ठित（完成）；स्तु + अभि 成为 अभिष्टुत（赞美了）。在前加元音 अ 后也同样：सिच् + अभि 变为 अभ्यषिञ्चन्（他们灌顶）。如果 s 后面跟着 म् 或词根中有 r 音，则不发生卷舌音化：विस्मित（吃惊），अनुसृत（随着）。

302. a）词根 स्था（站）、स्तम्भ्（支撑）的 स् 在 उद् 后面丢掉：उत्थातुम् 不定式（站起来）。

b）कृ（做）和 सम् 结合变成 स्कृ，与 उप，परि 结合时，在特定含义中，也变成 स्कृ：संस्कृत（装饰），परिष्कृत（装饰）。

303. 名词同助动词（§213）कृ（做）、अस्（是）、भू（成为）结合，意思是：做成什么，是什么或成为什么。名词语干的尾音 अ 和 अन् 变成 ई，इ 和 उ 拉长，ऋ 变成 री：स्वीकृ（据为己有）来自 स्व（自己的）；बहुलीभू（增长），来自 बहुल（许多）；शुचीभू（变干净），来自 शुचि（干净）。

注1. 以 सात् 收尾的副词也可与同样的动词组合：भस्मसात्कृ（变成灰），来自 भस्मन्（灰）。

注2. 请注意两种词之间的意义差别，例如：अश्वीभूत“变成为马”，अश्वभूत “作为马”。

名词性复合词

304. 所有的复合词，除相违释（Dvandva §309）外，永远只是由两个部分组成：前部分和后部分。但是所有的复合词又可以成为一个新复合词的组成部分。原始和派生的名词语干（§§289-292）、前置介词以及虚词都可以与原始的和派生的名词语干组合。复合词的前词和末词所指事物之间的不同的关系，或者是它们之间相互的关系，或者是与第三者的关系，也都可以按照规则用两个或者更多的带变格的词汇来表现，或者通过从句得到表现

（所谓对复合词的分解）。

注：在以下文字中，将使用传统印度语法的术语来命名由这一体系所区分的名词复合词的种类。这些术语体现了系统地进行分析和描述的尝试，但是却不能把握全部的语料，例如 किंवदन्ति （谣言）以及相同的句子结构。

305. 复合词的前词用语干形式，分等级的语干用复数依格或具格的形式，即双语干使用弱语干，三语干使用中语干。尾音 न् 总是丢掉：राजपुत्र（王子）来自 राजन्（§92），मन्त्रिपुत्र（大臣之子）来自 मन्त्रिन्（大臣）。

注：代词用 §§111、112 等给出的代词语干：मत्पितृ（我的父亲），तत्पुरुष（他的仆人）。

306. 第305条的例外：महत्（大）作为持业释（Karmadhāraya，§317）或多财释（Bahuvrīhi，§320）的前词变成 महा。

307. 连声规则。复合词连声依照句内连声（§19以下）规则处理：राज（राजन्，§305）+ इन्द्र 依照 §20-a 变为 राजेन्द्र（王中之王）。स्वामि（स्वामिन्，§305）+ अर्थ 依照 §21变为 स्वाम्यर्थ（主人的东西）。महा（§306）+ ऋषि 变为 महर्षि（大仙，参见 §20-a）。वाच् + अर्थ 变为 वागर्थ（声与义，参见 §18-II、26）。क्षुध् + पिपासा 依照 §18-I 变为 क्षुत्पिपासा（饥渴）。मद् + मातृ 依照 §26 变为 मन्मातृ（我的母亲）。प्राच् + मुख 按§18 II、26 变为 प्राङ्मुख（面向东方）。मनस् + हर 依照 §35-1a 变为 मनोहर（动人的）。例外：

a）尾音 अ 在 ओष्ठ（唇）前丢掉：अधरोष्ठ（下唇）。

b）尾音 इस् 和 उस् 在清喉音和唇音前变作 इष् 和 उष्：धनुष्पाणि（手里拿着弓的，§323），来自语干 धनुस्。尾音 अस् 在这些音前可以不变：नमस्कार（致敬）。

c）末词的初音 स् 个别也依照 §46 变为卷舌音（参见 §301-c）：भूमिष्ठ（站在大地上），词根 स्था（§314-b）。

d）末词的 न् 有时由于前词中有 r 或 ṣ 音而卷舌音化（§45）：पूर्वाह्ण（上午，§308）参见第107条。

308. 末词有时转变为 अ- 变格：पथ्（道路）总是变成 पथ。在依主释中，रात्रि（夜）变成 रात्र；राजन्（国王）变成 राज；सखि（朋友）变成 सख（同样在多财释）；अहन्（天）变成 अह 或 अह्न。

I. 并列复合词（相违释 Dvandva）

309. 各肢（两个或多个词）并列，并且可以用“和”拆分。两种形式：

1. 相违释表现为双数或复数，要视两个或者多个人或事物的组合而定。词的性属依照末词：हरिहरौ（诃利和诃罗）；सुतभार्ये（子与妻）；वागर्थौ（字和义，§306）；रात्र्यहनी 双数（夜与昼）；रात्र्यहानि复数（夜与昼）；देवमनुष्याः（神与人）；नराश्वरथदन्तिनः（人、马、车、象）。

2. 相违释作为一个集合名词，使用中性单数：अहन्（§100）+ निशा 【阴性】变为 अहर्निशम्（日夜）；शीतोष्णम्（冷热）；अहिनकुलम्（蛇与獴）；कन्दमूलफलम्（葱头、根、果）。

注：各词的顺序部分地取决于词的意义，或者取决于音的构成。

310. 例外：当两个亲属名词组合时，如果前词是以 ऋ 收尾，这个词便用体格形式：पितापुत्रौ 父与子。

311. 天神的专有名词的组合还保留了古代相违释的遗迹，例如 मित्रावरुणौ“蜜特罗（Mitra）和婆楼那（Varuṇa）”。

II. 限定复合词（依主释 Tatpuruṣa）

312. 依主释指示末词所表达的事物，而由前词进一步加以限定。整个词是名词还是形容词（分词），取决于后面的词是名词或形容词。

1. 由格位限定的复合词（狭义依主释，Tatpuruṣa）

313. 前词可代表任何斜格，最常见的是属格。例如：ग्रामगत（到村里去），前词表示业格。前词表示具格的例如：देवदत्त（天神所赐）；पितृसम（与父亲相似）。前词表示为格的例如：कर्णसुख（令耳朵舒服的）。前词表示从格的例如：स्वर्गपतित（从天下掉下来的）；प्राणाधिक（比生命更可爱）。前词表示属格的例如：राजपुत्र（王子）；अश्वकोविद（通晓马性）。前词表示依格的例如：संगरान्त（死在战场上）。

314. 每一个词根都可以作为末词，并具有分词的意义：वेदविद्（懂吠陀的）；अश्वमुष्（偷马的）。特殊规则：

a）以短元音收尾的词根后加 त्：लोककृत्（创世者），词根 कृ。

b）以 आ 收尾的词根经常缩短：सर्वज्ञ（知道一切的），词根 ज्ञा；अभ्याशस्थ（在附近的），词根 स्था。

c）以鼻音收尾的词根可把鼻音丢掉：कुलज（生于好家族的），词根 जन्。

315. 带否定词 अ、अन् 的复合词属于依主释，如 अब्राह्मण（非婆罗门），अनर्थ（不幸），अकृत（未曾做）（请比较第320条）。

除此以外，属于此类的还有这样一些复合词，其意义只能通过一个句子来解释，例如 कुम्भकार（陶师），गोद（布施牛、畜生者），等等。一些复合词如果在不构成复合词的情况下，其前词统领后词，如 पूर्वकाय（身体的上部），मध्याह्न（中午）。

316. 个别的前词保留格尾，मनसिज（心所生 = 爱情），जनुषान्ध（天生为盲的），दास्याःपुत्र（女奴之子，私生子）。

2. 同位复合词（持业释，Karmadhāraya）

317. 前词以状语、同位语或喻体的形式对末词加以限定。拆开的话，两部分同格。四种形式：

a）形容词和名词：चिरकाल（长时间），महाराज（大王，§306），सर्वलोक（全世界）。即使遇到阴性名词，形容词也用阳性语干，这和多财释（§320）相同，如：वृद्धयोषित्（老妇人）。

前部分也可以是副词：सुपुत्र（好儿子），कुपुरुष（坏人），दुष्कृत（已做坏事，作恶），अतिसुख

（很舒服的）。

b）名词和形容词（以表达某种比喻）：**मेघश्याम**（云一般黑的），**कुसुमसुकुमार**（花一般娇嫩的）。

c）形容词和形容词：**रम्यदारुण**（可爱并且可怕），**पीतरक्त**（黄红相间）。或两个分词：**स्नातानुलिप्त**（沐过浴，涂过油），**दृष्टनष्ट**（转瞬即逝的），**कृताकृत**（做了又未做 = 做了一半的）。

d）名词和名词：**चौरवीराः**（众盗贼），**चूतवृक्ष**（芒果树），**मेघदूत**（云使者）。特别是当要表达某种比拟时：**नेत्रकमल**（眼莲花，意思是：莲花其实是眼睛），**कन्यारत्न**（女宝），**कालहरिण**（时间羚羊），**नृपशु**（像畜牲一样的人），**पुरुषसिंह**（犹如雄狮的人），**राजर्षभ**（公牛般的国王，即出类拔萃的国王）。另外，个别词汇表达某种双重的性格：**नरसिंह**（人狮子，毗湿奴的化身），**मयूरव्यंसक**（是孔雀，又是眼镜蛇，即骗子）。

318. 前词与末词有时倒置：**दृष्टपूर्व**（从前见过的）。

319. 有一种依主释叫“双牛释”（Dvigu），它的前词是数字。它表示一定数量的事物，用中性单数形式，尾音是 **ई** 的阴性很少见：**त्रिरात्र**【中性】（三夜，参见 §308）；**त्रिलोक**【中性】或 **त्रिलोकी**【阴性】（三界）。

III. 定语复合词（多财释，Bahuvrīhi）

320. 多财释是当作形容词使用的复合词，后肢是名词。性属和它所修饰的名词一致。

a）前词是形容词、分词或数词：**बहुव्रीहि**（有很多大米的），**दीर्घबाहु**（长胳臂的），**जातश्रम**（疲倦的），**प्रसन्नमुख**（喜笑颜开的），**गतायुस्**（生命已消失了的，死的），**कृतकार्य**（达到目的的），**चतुर्भुज**（有四只胳臂的）。

b）前词是名词：**मौनव्रत**（发誓不说话的），**प्रजाकाम**（愿望为子嗣的，= 想要孩子的）。**त्यक्तुकाम**（想离开的），来自不定式 **त्यक्तुम्**，§282。**तपोधन**（以苦行为财宝的），**गगणगति**（路在空中的，在空中行走的），**कमलनेत्र**（有眼似莲花的，长着莲花般的眼睛的），**विद्युत्प्रभ**（拥有闪电的光辉的），**उष्ट्रमुख**（生有骆驼面孔的）。末词可以是名词化的形容词：**चिन्तापर**（陷入沉思的）。

c）前词是不变词：अनन्त（无穷无尽的），अपुत्र（没儿子的），विफल（没有结果的），सुमनस्（心情好的），दुर्मनस्（苦恼的），सपक्ष（长着翅膀的），सहपुत्र（带着儿子的）。

注：下面的例句能显示依主释和多财释之间的不同；विष्णुरूप 作为依主释是中性，意为“毗湿奴的形体”；作为多财释，是形容词，描述一个具有毗湿奴之形体的人。प्राप्तकाल 作为依主释意为“时刻到了，正是时候”；但是作为多财释，意为“一个时候到了的，按时的”。

321. 多财释的末词丢掉原有的性属。尾音是 आ 的阴性词，当修饰阳性或中性名词时，则缩短尾音：अल्पविद्य（少智慧的），末词原为 विद्या【阴性】。सभार्य（携带妻子的），末词原为 भार्या。अप्रज（无子嗣的），末词原为 प्रजा。

注：以 अ 收尾的多财释大多用 आ 构成阴性，例如 अप्रजा（没有孩子的）。ई 比较少见，当后部分表示身体某部分的时候，特别爱用 ई，例如 अधोमुखी（面向下的），अनवद्याङ्गी（拥有完美无瑕之肢体的）。

322. 有时候整个复合词后面加词缀 क，作为多财释复合词的特征，निरर्थक（无用的），来自अर्थ；साग्निक（有火神为伴的）。特别当末词是以 ई ऊ 或 ऋ 收尾的名词时，बहुभर्तृक（有许多丈夫的），末词是 भर्तृ。

323. 词义是“手”的名词位于复合词的后部：दण्डपाणि（手持棍子的）。其他表示身体某部分的词是也这样：अश्रुकण्ठ（嗓子里有眼泪的）。

324. 和其他形容词一样，多财释也可以：

a）变为名词 ：षट्पद（有六足者 = 蜜蜂）。

b）变为副词（§61）：मुक्तकण्ठ（放开喉咙的），副词 मुक्तकण्ठम्（扯开嗓子地）。副词 स्मितपूर्वम्（笑着）。

IV. 副词复合词（Avyayībhāva）

325. Avyayībhāva 是不变复合词，它的前词是一个不变词（介词或者虚词），末词是名词，经过尾音的变化而使用中性单数业格的格尾，拆分开后，受前词的支配，例如：**अनुक्षणम्**（每时每刻），**प्रत्यहम्**（天天，§308），**यथाकामम्**（随心所欲），**यावज्जीवम्**（一生一世）。**सत्वरम्**（迅速地），来自 **त्वरा**（迅速）。

练习例句

326. §§62，63 的练习例句：在所有句子中要补上助动词 अस्（“是”，§153）。它与为格连用表示：招致……，为了……。各格的其他用法见 §60。

यथा वृक्षस्तथा फलम्

yathā vṛkṣas tathā phalam ॥ १ ॥

मूले हते[1] हतं सर्वम्

mūle hate hataṃ sarvam ॥ २ ॥

हतं सैन्यमनायकम्

hataṃ sainyam anāyakam ॥ ३ ॥

यत्र धर्मस्तत्र जयः

yatra dharmas tatra jayaḥ ॥ ४ ॥

लोभः पापस्य कारणम्

lobhaḥ pāpasya kāraṇam ॥ ५ ॥

दाराः सुताश्च सुलभा[2] धनमेकं दुर्लभं लोके

dārāḥ sutāś ca sulabhā dhanam ekaṃ durlabhaṃ loke ॥ ६ ॥

अर्धं भार्या मनुष्यस्य

ardhaṃ bhāryā manuṣyasya ॥ ७ ॥

सुखस्यान्तं[3] सदा दुःखं दुःखस्यान्तं सदा सुखम्

sukhasyāntaṃ sadā duḥkhaṃ duḥkhasyāntaṃ sadā sukham ॥ ८ ॥

अनन्तं शास्त्रं बहुलाश्च विद्याः स्वल्पश्च कालः

anantaṃ śāstraṃ bahulāś ca vidyāḥ svalpaś ca kālaḥ ॥ ९ ॥

सर्वेषु पेयेषु जलं प्रधानम्

sarveṣu peyeṣu jalaṃ pradhānam ॥ १० ॥

संतोष[4] एव पुरुषस्य परं निधानम्

saṃtoṣa eva puruṣasya paraṃ nidhānam ॥ ११ ॥

अश्वः कृशो[5] ऽपि शोभायै पुष्टो ऽपि न पुनः खरः

aśvaḥ kṛśo 'pi śobhāyai puṣṭo 'pi na punaḥ kharaḥ ॥ १२ ॥

न लोभादधिको दोषो न दानादधिको गुणः

na lobhād adhiko doṣo na dānād adhiko guṇaḥ ॥ १३ ॥

वरमद्य कपोतः श्वो मयूरात्

varam adya kapotaḥ śvo mayūrāt ॥ १४ ॥

प्रायो ऽशुभस्य कार्यस्य कालहारः प्रतिक्रिया

prāyo 'śubhasya kāryasya kālahāraḥ pratikriyā ॥ १५ ॥

1) 独立依格，见 §60。2) §35-1c。3) §19。4) §35-1b。5) §35-1a。

327. §§62—63，以及139，142，299 的练习例句。第三人称用“人们”来翻译。

जरा रूपं हरति ॥ १ ॥ वृत्तेन भवत्यार्यो [1] न धनेन न विद्यया ॥ २ ॥ कालः पचति भूतानि कालः संहरते [2] प्रजाः ॥ ३ ॥ न गर्दभो गायति शिक्षितो ऽपि ॥ ४ ॥ त्यज हिंसां भज धर्मम् ॥ ५ ॥

नाभिनन्देत [3] मरणं नाभिनन्देत जीवितम्।
कालमेव प्रतीक्षेत [4] निर्वेशं भृतको यथा ॥ ६ ॥

1) 见 §§21，35-1a。2) 词根 हृ + सम् 。3) 词根 नन्द् + अभि。4) 词根 ईक्ष् + प्रति。

附加练习：

कटं करोति [1] ॥ ७ ॥ परा जयति सेना ॥ ८ ॥ चकार [2] कटं देवदत्तः ॥ ९ ॥ आढ्यमिदं [3] नगरम् ॥ १० ॥ वीरः पुरुषः ॥ ११ ॥ द्विर्बद्धं सुबद्धं भवति ॥ १२ ॥ उच्चैः पठति ॥ १३ ॥ ओदनं पचति ॥ १४ ॥ ओदनं मृदुविशदं पचति ॥ १५ ॥ दुष्ठु पचति ॥ १६ ॥ यथा सस्यानि रोहन्ति तथा कामाः प्ररोहन्ति [4] ॥ १७ ॥ शुक्लं वस्त्रं शुक्ला शाटी शुक्लः कंबलः ॥ १८ ॥ इतःप्रदानं देवा उपजीवन्ति [5] अमुतःप्रदानं मनुष्या उपजीवन्ति ॥ १९ ॥ न ह्येको देवदत्तो युगपत्स्रुघ्ने भवति मथुरायां च ॥ २० ॥

1) कृ 的第三人称单数现在时直陈式，“他制作……”。2) कृ 的完成时第三人称单数，“他制作了……”。3) 指示代词“这个”，见§119。4) 词根 रुह् + प्र。 5) 词根 जीव् + उप。

328. §§65—74 的练习例句。

धर्मस्य त्वरिता गतिः ॥१॥ उपदेशो मूर्खाणां प्रकोपाय न शान्तये॥२॥ शत्रौ सान्त्वं प्रतीकारः॥३॥ वृथा वृष्टिः समुद्रस्य तृप्तस्य भोजनं वृथा॥४॥ संपत्तेश्च विपत्तेश्च दैवमेव कारणम्॥५॥ वह्निरेव वह्नेर्भेषजम्॥६॥ शत्रोरपि गुणा ग्राह्या दोषा वाच्या गुरोरपि॥ ७॥ धर्मेण हीनाः पशुभिः समानाः॥८॥ वृद्धस्य तरुणी विषम्॥९॥ न नार्यो विनेर्ष्यया [1]॥ १०॥ असंतोषः श्रियो मूलम्॥११॥ स्त्रियो निसर्गादेव पण्डिताः॥१२॥ चला लक्ष्मीश्चलाः प्राणाः॥१३॥ नार्यः पिशाचिका इव हरन्ति हृदयानि मुग्धानाम्॥१४॥ गद्यं कवीनां निकषं वदन्ति॥१५॥

1) 见 §20-a。

附加练习：

समानमूर्वं नद्यः पृणन्ति [1]॥१६॥ कुमार्यामित्याह [2] ॥१७॥ त्वामग्ने [3] विप्रा वर्धन्ति॥१८॥ अग्निर्विभ्राजते घृतैः॥ १९॥

1) पॄ “充满”，现在时直陈式复数第三人称。2) अह् “说”，单数第三人称，见§211。 3) 人称代词，“你”，见§111。

329. §§75—79 的练习例句。

अप्रियस्य पथ्यस्य वक्ता श्रोता च दुर्लभः॥१॥ भर्ता नाम परं नार्या भूषणम्॥२॥ दुहिता कृपणं परम्॥३॥ दर्दुरा यत्र वक्तारस्तत्र मौनं शोभनम्॥४॥ वृथा वक्तुः श्रमः सर्वो निर्विचारे नरेश्वरे [1]॥५॥

अमृतं दुर्लभं नृणां देवानामुदकं तथा।
पितॄणां दुर्लभः पुत्रस्तक्रं शक्रस्य दुर्लभम्॥६॥

1) 独立依格。

附加练习：

वयं [1] सर्वस्य लोकस्य मातरः कविभिः स्तुताः [2]॥७॥ नोदके शकटं याति [3] न च नौर्गच्छति स्थले॥८॥ पौरवं गां भिक्षते [4]॥९॥

1) 人称代词“我们”，见§111。2) स्तु 的过去被动分词，“曾被赞扬”。3) या “行驶”的现在时直陈式单数第三人称。4) भिक्ष् “乞讨”的现在时直陈式单数第三人称。

330. §§80—85的练习例句。介词常放在后面。

योषिद्वैरस्य कारणम्॥१॥ क्लेशे शरणं भिषक्॥२॥ यथा चित्तं तथा वाचो यथा वाचस्तथा क्रियाः॥३॥ तृणं ब्रह्मविदः स्वर्गस्तृणं शूरस्य जीवितम्॥४॥ बाहुभिः क्षत्रियाः शूरा वाग्भिः शूरा द्विजातयः॥५॥ सर्वविदां समाजे विभूषणं

मौनमपण्डितानाम् ॥६॥ न वैद्यः प्रभुरायुषः॥७॥ सर्वः पदस्थस्य सुहृद्बन्धुरापदि दुर्लभः॥८॥ औषधं न गतायुषाम्॥९॥ वृक्षं प्रति विद्योतते[1] विद्युत् ॥१०॥ न जलौकसामङ्गे जलौका[2] लगति॥११॥ तपत्यादित्यवद्रूपश्चक्षूंषि च मनांसि च[3]॥१२॥

[1] 词根 द्युत् + वि [2] 见 §§35-1c，84。[3] 即以他的目光。见 §§21，26，33-b。

附加练习：

मरुतो देवानां विशः॥१३॥

सर्वो दण्डजितो[1] लोको दुर्लभो हि शुचिर्नरः।
दण्डस्य हि भयात्सर्वं जगद्भोगाय कल्पते॥१४॥
अग्निमीळे[2] पुरोहितं यज्ञस्य देवमृत्विजम्।
होतारं रत्नधातमम्[3]॥ १५॥
अग्निना रयिमश्नवत्[4] पोषमेव दिवेदिवे।
यशसं वीरवत्तमम्[5]॥१६॥

[1] 用惩罚征服。[2] 现在时直陈式单数第一人称，词根 ईळ्，"赞颂"。[3] 施舍财富最多者。[4]（梨俱吠陀）现在时虚拟式单数第三人称，词根 अश्，"若是得到……"。[5] 最富有子嗣者。

331. §§87—98的练习例句。

धनवान्बलवाल्लोके[1]॥१॥ त्यागो गुणो वित्तवतां वित्तं त्यागवतां गुणः॥२॥ यथा राजा तथा प्रजाः॥३॥ जातस्य ध्रुवो मृत्युर्ध्रुवं जन्म मृतस्य च॥४॥ दुर्ग्राह्यः पाणिना वायुर्दुःस्पर्शः पाणिना शिखी॥५॥ क्षमा रूपं तपस्विनः ॥६॥ सर्वमुत्पादि भङ्गुरम्॥७॥ आत्मैवात्मनो[2] बन्धुरात्मैव[3] रिपुरात्मनः॥८॥ रोगी देवताभक्तो वृद्धा च वेश्या तपस्विनी॥९॥ न राजानं विना राज्यं बलवत्स्वपि[4] मन्त्रिषु॥१०॥ प्रायेण ज्येष्ठाः पितृषु वल्लभा मातृणां च कनीयांसः॥११॥ आकिंचन्यं धनं विदुषाम्॥१२॥ महीयांसः प्रकृत्या मितभाषिणः॥१३॥ मतिर्बलाद्गरीयसी॥१४॥ अविद्वांश्चैव[5] विद्वांश्च ब्राह्मणो दैवतं महत्॥१५॥ बलीयः सर्वतो[6] दिष्टं पुरुषस्य विशेषतः॥१६॥ अर्थिनो राजानो हिरण्येन भवन्ति॥१७॥

भार्यायाः सुन्दरः स्निग्धो वेश्यायाः सुन्दरो धनी।
श्रीदेव्याः सुन्दरः शूरो भारत्याः सुन्दरः सुधीः॥१८॥

[1] §31-b。[2] §§20-b，19。[3] §34-a。[4] §21，独立依格。[5] §32。[6] 从格（§59）用于比较级（§60）。

附加练习 **a)**：

महान्तं पुत्रमिच्छति॥१९॥ देवदत्तो ऽहं भो। आयुष्मानेधि[1] देवदत्त भो३ः ॥२०॥ ननु च भो अभेदका अपि गुणा दृश्यन्ते[2]। तद्यथा। देवदत्तो मुण्ड्यपि जट्यपि शिख्यपि स्वामाख्यां न जहाति[3] तथा बालो युवा वृद्धो वत्सो दम्यो बलीवर्द इति॥ २१॥ देवदत्त कुशल्यसि[4] ॥२२॥ उर्वशी वै रूपिण्यप्सरसाम्॥ २३॥ ब्रह्म च तपश्च सप्तर्षय[5] उपजीवन्ति॥२४॥

निर्भिन्दन्तौ च गात्राणि विलिखन्तौ च सायकैः।
स्तम्भयन्तौ च बलिनौ प्रतुदन्तौ रणे स्थितौ[6]॥२५॥

1) 命令语气第二人称单数，词根 अस्（§153）。2) 现在时被动语态复数第三人称，词根 दृश्。3) 现在时直陈式单数第三人称，词根 हा。4) 现在时直陈式单数第二人称，词根 अस्（§153）。5) 七个仙人。6) 过去被动分词，词根 स्था，“处于……之上。”

附加练习 **b)**：针对§99—107。

प्राची देवानां दिक्॥२६॥ ऊर्ध्वं तिर्यगधश्चैव जगतो गतिः॥२७॥ माणवकं पन्थानं पृच्छति॥ २८॥ अमुतो दिवो वर्षतीहौषधयो वनस्पतयः प्रजायन्ते॥२९॥

अहरहर्नयमानो गामश्वं पुरुषं पशुम्।
वैवस्वतो न तृप्यति सुराया इव दुर्मदी॥३०॥

附加练习 **c)**，针对未完成时、命令语气、祈愿语气。

ह्यो ऽपचत्॥१॥ देवा इमाल्लौँकानक्रमन्त[1]॥२॥ स्कन्धदेशे ऽसृजत्तस्य[2] स्रजम्॥३॥ अग्निरविन्दद्द्रा अपः स्वः॥४॥ न बाहुभ्यां नदीं तरेत्॥ ५॥ वृद्धांश्च नित्यं सेवेत विप्रान्वेदविदः शुचीन्॥ ६॥ जायाः पुत्राः सुमनसो भवन्तु॥७॥ नियच्छ यच्छ संयच्छेन्द्रियाणि मनो गिरम्॥८॥ अग्ने यज्ञं नय साधु॥ ९॥ देवाय शस्तिममृताय शंस॥ १०॥ अनुभवतु भवानामन्त्रणम्॥११॥

1) **इमान्** 指示代词复数业格（§119）。2) **तस्य** “其，他的”，指示代词单数属格，见§114。

332. §§111—121的练习例句。

यद्भावि तद्भवतु॥१॥ यस्यार्थास्तस्य मित्राणि॥२॥ मनसि परितुष्टे[1] को ऽर्थवान्को दरिद्रः॥३॥ किमभ्यासेन दुष्करम्॥४॥ अर्थस्य पुरुषो दासो दासस्त्वर्थो न कस्यचित्॥५॥ आपत्सु किं विषादेन संपत्तौ विस्मयेन किम्॥६॥ सर्वे मनुष्या अल्पेन यत्नेन महतो ऽर्थानाकाङ्क्षन्ति[2] ॥७॥ यो यद्वपति बीजं लभते सो ऽपि तत्फलम्॥८॥ यदेव रोचते यस्मै भवेत्तत्तस्य सुन्दरम्॥

९॥ तदभाग्यं धनस्यैव यन्नाश्रयति[3] सज्जनम्॥१०॥ परार्थं यो ऽवटं कर्ता तस्मिन्स पतति ध्रुवम्॥ ११॥

[1]) 独立依格。[2]) 词根 काङ्क्ष् + आ。[3]) 词根 श्रि + आ，并参考§26、19。

附加练习：

कतरद्देवदत्तस्य गृहं। अदो यत्रासौ काक इति॥१२॥ भोगवानयं देश इत्युच्यते[1]। यस्मिङ्गावः सस्यानि च वर्तन्ते॥१३॥ भोगवानयं ब्राह्मण इत्युच्यते यः संयक्स्नानादीः क्रिया अनुभवति॥१४॥ अनन्तराविमौ ग्रामावित्युच्यते तयोश्चैवान्तरा नद्यश्च पर्वताश्च भवन्ति॥१५॥ पुरुषो ऽयं प्रातरुत्थाय[2] यान्यस्य प्रति शरीरं कार्याणि तानि तावत्करोति[3] ततः सुहृदां ततः संबन्धिनाम्॥१६॥ कश्चिदुक्तो[4] ग्रामे भिक्षां चर देवदत्तं चानयेति। स ग्रामे भिक्षां चरति यदि देवदत्तं पश्यति तमप्यानयति॥ १७॥ द्वावात्मनावन्तरात्मा शरीरात्मा च। अन्तरात्मा तत्कर्म करोति[3] येन शरीरात्मा सुखदुःखे[5] अनुभवति। शरीरात्मा तत्कर्म करोति येनान्तरात्मा सुखदुःखे अनुभवति॥ १८॥ भेरीमाहत्य[6] कश्चिद्विंशति पदानि गच्छति कश्चित्त्रिंशत्कश्चिच्चत्वारिंशत्॥ १९॥

[1]) 现在时被动语态单数第三人称，词根 वच्，“据说……”，“人们说……”。[2]) स्था + उद्，独立式 II（§286），“起来后”。[3]) कृ（做，制作）的现在时直陈式单数第三人称。[4]) वच् （说）的过去被动分词，“对某人说道”。[5]) 相违释双数，“幸福与不幸”。[6]) 独立式 II （§286），हन् + आ，“打击之后”。

333. §§140—143的练习例句。

नदी कूलानि रुजति॥१॥ रजः किरति मारुतः॥२॥ आत्मानं पश्य को ऽहम्॥३॥ सर्वो मन्यते लोक आत्मानं बुद्धिमत्तरम्॥४॥ दिवा पश्यति नोलूकः काको नक्तं न पश्यति॥ ५॥ अन्तकाले भूतानि मुह्यन्तीति पुराश्रुतिः॥६॥ दैवमेव परं मन्ये पौरुषं तु निरर्थकम्॥७॥ एको न गच्छेदध्वानम्॥ ८॥ नीचाः कलहमिच्छन्ति॥९॥ निर्दोषो नैव जायते॥१०॥ नीचैर्गच्छत्युपरि च दशा॥११॥ विद्यया सार्धं म्रियेत न विद्यामूषरे वपेत्॥ १२॥ नैष स्थाणोरपराधो यदेनमन्धो न पश्यति॥ १३॥ यावन्न विन्दते जायां तावदर्धो भवेत्पुमान्॥ १४॥ चलत्येकेन पादेन तिष्ठत्येकेन बुद्धिमान्॥१५॥ चिरकालं पोषितो ऽपि दशत्येव भुजंगमः॥१६॥

अनारतं प्रतिदेशं प्रतिदिशं जले स्थले।
जायन्ते च म्रियन्ते च बुद्बुदा इव वारिणि॥१७॥

附加练习：

सिन्धवो न श्राम्यन्ति॥ १८॥ त्रिः पुरुषो जायते॥ १९॥ गृहेषु भिक्षार्थमभ्रमत्[1]॥२०॥ न म्रियेयुर्न जीर्येयुः॥२१॥ तुदन्ति आत्मत्वचं[2] दंशा मशकाः॥२२॥ लोकस्य वसु लुम्पताम्॥२३॥

1) 依主释：bhikṣārtham “以乞讨为目的”。2) 依主释：ātmatvacam “自己的皮”。

334. 针对§§147—158的练习例句。

श्येनः कपोतानत्तीति स्थितिरेषा सनातनी॥१॥ गच्छ गच्छसि चेत्कान्त पन्थानः सन्तु ते शिवाः[1]॥२॥ त्यजत मानमलं बत विग्रहैर्न पुनरेति गतं चतुरं वयः[2]॥३॥ नासौ धर्मो यत्र नो सत्यमस्ति॥४॥ सद्भिरेव सहासीत॥५॥ धन्यास्ते पृथिवीपालाः सुखं ये निशि शेरते॥६॥ गुणी गुणं वेत्ति न वेत्ति निर्गुणः॥७॥ अरक्षितारं राजानं घ्नन्ति दोषाः॥८॥ कूपस्तृषां हन्ति सततं न तु वारिधिः॥९॥ देशमाख्याति[3] भाषणम्॥१०॥ खण्डितः पण्डितः स्यात्॥११॥ गतो ऽस्तमर्को भातीन्दुर्यान्ति वासाय पक्षिणः[4]॥१२॥

कमले कमला शेते हरः शेते हिमालये।
क्षीराब्धौ च हरिः शेते मन्ये मत्कुणशङ्कया[5]॥१३॥
उद्यन्तु[6] शतमादित्या उद्यन्तु शतमिन्दवः।
न विना विदुषां वाक्यैर्नश्यत्याभ्यन्तरं तमः॥ १४॥

1) 和恋人分离。2) 提醒年轻妇女。3) ख्या + आ。4) 晚间。5) 根据§313，依主释。6) इ + उद् 命令语气，用“让……”来翻译。

附加练习：

षड् भावविकारा इति ह स्माह[1] भगवान्वार्ष्यायणिः । जायते ऽस्ति विपरिणमते वर्धते ऽपक्षीयते विनश्यतीति॥ १५॥ नाहं निन्दे न च स्तौमि स्वभावविषमं[2] जनम्॥१६॥ दिवा यान्ति मरुतो भूम्याग्निरयं वातो ऽन्तरिक्षेण याति।१७॥ इदं शृणोतु यदहं ब्रवीमि॥१८॥ यो ऽस्मान्द्वेष्टि यं वयं द्विष्मस्तस्य त्वं प्राणेनाप्यायस्व॥१९॥ एते रुवन्ति मधुरं सारसा जलचारिणः॥२०॥ अग्नेर्मृत्योरात्मानमत्रायत॥२१॥ श्वेता गा आज्याय दुहन्ति॥२२॥

नैकः स्वपेच्छून्यगेहे शयानं न प्रबोधयेत्।
नोदक्ययाभिभाषेत यज्ञं गच्छेन्न चावृतः॥२३॥

1) 见§211。2) 依主释：“天性粗鲁”。

335. 针对§§165—186的练习例句。

राज्ञो बिभ्यति लोका राजानः पुनर्वैरिभ्यः॥१॥ शतं दद्यान्न विवदेत्[1] ॥ २॥ न तत्परस्य संदध्यात्प्रतिकूलं[2] यदात्मनः॥३॥ अण्डानि बिभ्रति स्वानि न भिन्दन्ति पिपीलिकाः॥४॥ यत्स्वाधीनं यदपि सुलभं तेन तुष्टिं विधेहि[3] ॥ ५॥ नीचो वदति न कुरुते न वदति सुजनः करोत्येव॥६॥ श्वः कार्यमद्य कुर्वीत॥ ७॥ पूर्वे वयसि तत्कुर्याद्येन वृद्धः सुखं वसेत्॥८॥ न हिंस्यात्सर्वभूतानि॥९॥ यदोजसा न लभते क्षत्रियो न तदश्नुते॥१०॥ बलिनो बलिनः स्निह्यन्त्यबलं तु निगृह्णते[4] ॥११॥ ते धन्या ये न शृण्वन्ति दीनाः प्रणयिनां गिरः॥१२॥ स्वकीयान्भुञ्जते मत्स्याः स्वापत्यानि फणाधराः॥१३॥

यद्यदाचरति श्रेष्ठस्तत्तदेवेतरो जनः।
स यत्प्रमाणं कुरुते लोकस्तदनुवर्तते[5] ॥ १४॥
अतिथिर्बालकश्चैव स्त्रीजनो नृपतिस्तथा।
एते वित्तं न जानन्ति जामाता चैव पञ्चमः॥ १५॥
जानाते यन्न चन्द्रार्कौ जानते यन्न योगिनः।
जानीते यन्न भर्गोऽपि तज्जानाति कविः स्वयम्॥१६॥

1) 词根 वद् + वि 。2) 词根 धा + सम् 。3) 词根 धा + वि（§170）。4) 词根 ग्रह् + नि。5) 词根 वृत् + अनु。

附加练习：

यजाम देवान्यदि शक्नवाम॥ १७॥ देवदत्तः कांस्यपात्र्याम्पाणिनौदनं भुङ्क्ते॥ १८॥ यो यमं देवयजनमनिर्याच्याग्निं[1] चिनुते यमायैनं स चिनुते॥ १९॥ यथा वातो वनस्पतीन् वृक्षान्भनक्त्योजसैवं सपत्नान्मे भङ्ग्धि॥ २०॥ प्रयुज्यते[2] हि लोके यदि मे भवानिदं कुर्यादहमपि त इदं दद्याम्॥ २१॥ दिक्षु तनोति कीर्तिम्॥ २२॥ अस्तभ्नाद्यामसुरो[3] विश्ववेदा अमिमीत वरिमाणं पृथिव्याः॥ २३॥ वृद्धकुमारीन्द्रेणोक्ता[4] वरं वृणीष्वेति। सा वरमवृणीत पुत्रा मे बहुक्षीरघृतमोदनं[5] कांस्यपात्र्यां भुञ्जीरन्निति। न च तावदस्याः पतिर्भवति कुतः पुत्राः कुतो गावः कुतो धान्यम् । तत्रानयैकेन वाक्येन पतिः पुत्रा गावो धान्यमिति सर्वं संगृहीतं[6] भवति॥ २४॥ द्विद्रोणेन हिरण्येन धान्यं क्रीणाति॥ २५॥ ज्योतिर्वृणीते तमसो विजानन्॥ २६॥ मित्रस्त्वा पदि बध्नीताम्॥२७ ॥ अभिजानासि देवदत्त यत्कश्मीरानगच्छाम यत्तत्रौदनमभुञ्ज्महि॥ २८॥

पतिं या नाभिचरति मनोवाग्देहसंयता[7] ।
सा भर्तृलोकमाप्नोति सद्भिः साध्वीति उच्यते[8] ॥ २९॥
यत्करोषि यदश्नासि यज्जुहोषि ददासि यत्।
यत्तपस्यसि कौन्तेय तत्कुरुष्व मदर्पणम्[9] ॥ ३०॥

1) याच् + निस् 的独立式 II，表示否定："未曾询问"。2) युज् + प्र 的被动语态，"这

是恰当的”。[3] द्याम् = दिवम् 。[4] वच् 的过去被动分词。[5] 多财释：具备许多牛奶和奶油。[6] ग्रह् + सम् “总摄，概括”的过去被动分词。[7] 依主释：对心、语、身加以控制。[8] वच् 的被动语态，“可谓”。[9] 依主释：“我的……”。

336. 有关§§233—238。

को जानीते कदा कस्य मृत्युकालो भविष्यति॥ १॥ सेनापतौ यशो गन्ता न तु योधान्कथंचन॥ २॥

यावत्स्थास्यन्ति गिरयः सरितश्च महीतले।
तावद्रामायणकथा लोकेषु प्रचरिष्यति[1]॥ ३॥
यदि न प्रणयेद्राजा[2] दण्डं दण्ड्येष्वतन्द्रितः।
शूले मत्स्यानिवापक्ष्यन्दुर्बलान्बलवत्तराः॥ ४॥

[1] 词根 चर् + प्र。[2] 词根 नी + प्र（§301-a)。

附加练习：

यो भवतामोदनं दास्यति स स्वर्गं लोकं गमिष्यति॥ ५॥ अभिजानासि देवदत्त कश्मीरान् गमिष्यामस्तत्र सक्तून्पास्यामः। अभिजानासि देवदत्त कश्मीरानगच्छाम तत्र सक्तूनपिबाम॥ ६॥ अभिजानासि देवदत्त कश्मीरान् गमिष्यामः। कश्मीरानगच्छाम। तत्रौदनं भोक्ष्यामहे। तत्रौदनमभुञ्ज्महि॥ ७॥ अभोक्ष्यत भवान्मांसेन यदि मत्समीप[1] आसिष्यत॥ ८॥

[1] 依主释：“在我的近旁”。

337. 针对§§239—256的练习例句。

तृणैर्विधीयते[1] रज्जुर्यया नागो ऽपि बध्यते॥ १॥ स्वदेशे पूज्यते राजा विद्वान्सर्वत्र पूज्यते॥ २॥ यो यद्वस्तु विजानाति[2] तं तत्र विनियोजयेत्[3]॥ ३॥ भैषज्यमेतद्दुःखस्य यदेतन्नानुचिन्तयेत्[4]॥ ४॥

लालयेत्पञ्च वर्षाणि दश वर्षाणि ताडयेत्।
प्राप्ते तु षोडशे वर्षे पुत्रं मित्रवदाचरेत्[5]॥ ५॥

[1] 词根 धा + वि。[2] 词根 ज्ञा + वि。[3] 词根 युज् + विनि。[4] 词根 चिन्त् + अनु。[5] 主语是父亲。词根 चर् + आ。

附加练习 a)：

रघोः कुले न व्यहन्यत कदाचिदर्थिता॥ ६॥ स जीयेत रणे कथम्॥ ७॥ ननु तत्र व्यासः कर्तेति स्मर्यते॥ ८॥ अलातचक्रं

प्रत्यक्षं दृश्यते ऽनुमानाच्च गम्यते नैतदस्तीति ॥ ९॥ रात्रिरित्युक्ते[1] ऽहर्नैति गम्यते । अहरित्युक्ते रात्रिर्नैति गम्यते॥ १०॥ द्रव्यं हि नित्यमाकृतिरनित्या। कथं ज्ञायते। एवं हि दृश्यते लोके। मृत्कयाचिदाकृत्या युक्ता पिण्डो भवति। पिण्डाकृतिमुपमृद्य[2] घटिकाः क्रियन्ते। घटिकाकृतिमुपमृद्य कुण्डिकाः क्रियन्ते। तथा सुवर्णं कयाचिदाकृत्या युक्तं पिण्डो भवति। पिण्डाकृतिमुपमृद्य रुचकाः क्रियन्ते। रुचकाकृतिमुपमृद्य कटकाः क्रियन्ते। कटकाकृतिमुपमृद्य स्वस्तिकाः क्रियन्ते। पुनरावृत्तः सुवर्णपिण्डः पुनरपराकृत्या युक्तः खदिराङ्गारसवर्णे[3] कुण्डले भवतः। आकृतिरन्या चान्या च भवति द्रव्यं पुनस्तदेव आकृत्युपमर्देन[4] द्रव्यमेवावशिष्यते॥ ११॥

तपः परं कृतयुगे त्रेतायां ज्ञानमुच्यते।
द्वापरे यज्ञमेवाहुर्दानमेकं[5] कलौ युगे॥ १२॥
भक्ष्यतां भुज्यतां नित्यं दीयतां रम्यतामिति।
गीयतां पीयतां चेति शब्दश्चासीद्गृहे गृहे॥ १३॥

1) 词根 वच् 的过去被动分词，“已说”，独立依格。2) मृद् + उप 的独立式 II，“毁坏以后”。3) 依主释：“色如檐木炭”。4) 依主释：“形状的毁坏”。5) 见§211。

附加练习 **b)**，针对致使动词和第十类动词：

कुन्तान्प्रवेशय यष्टीः प्रवेशय॥ १४॥ दूतास्त्वरयन्ति माम्॥१५॥ शिष्यं वेदमध्यापयेद्विजः॥१६॥ वृक्षान्रोपयेत्॥१७॥ जाया जनयते पुत्रम्॥१८॥ अग्निं स्तोमेन बोधयामर्त्यम्॥१९॥ लोक ईश्वर आज्ञापयति ग्रामाद्ग्रामान्मनुष्या आनीयन्तां प्रागङ्गं ग्रामेभ्यो ब्राह्मणा आनीयन्तामिति। येषु तत्र ग्रामेषु ब्राह्मणा न सन्ति न तर्हीदानीं ततो ऽन्यस्यानयनं भवति॥२०॥ स्वस्ति व्रजत भद्रं वो धारयध्वम्॥२१॥ न ते वयं पुष्करं चोरयामः॥२२॥ ततस्ते तापसाः सर्वे पूजयन्ति स्म तं नृपम्॥२३॥ न वर्तते चक्रमिषुर्न पालयते न स्यन्दन्ते सरितः सागराय । कूटस्थो ऽयं लोको न विचेष्टितास्ति यो ह्येवं पश्यति सो ऽप्यनन्धः॥ २४॥

338. 针对§§267—277的练习例句。

कील आहन्यमानः प्रतिकीलं निर्हन्ति॥१॥ सन्ति पुत्राः सुबहवो दरिद्राणामनिच्छतां नास्ति पुत्रः समृद्धानाम्॥२॥ वार्यमाणस्य वाञ्छा विषयेष्वभिवर्धते॥३॥ लोके को ऽप्युत्थितः पतति को ऽपि पतितो ऽप्युत्तिष्ठते॥४॥ मनसा चिन्तितं कार्यं वचसा न प्रकाशयेत्॥५॥ न सुप्तस्य सिंहस्य प्रविशन्ति मुखे मृगाः॥६॥ यन्न बालैः परिवृतं श्मशानमिव तद्गृहम्॥७॥ अप्रतिषिद्धमनुमतम्॥८॥ काकाः किमपराध्यन्ति[1] हंसैर्जग्धेषु शालिषु[2]॥९॥ धर्मो हतो हन्ति धर्मो रक्षति रक्षितः॥१०॥ जानन्नपि यः पापं न नियच्छतीशः सन्स तेनैव कर्मणा संप्रयुज्यते[3]॥११॥ नष्टं समुद्रे पतितं नष्टं वाक्यमशृण्वति॥१२॥

1) 词根 राध् + अप 2) 独立依格。3) 词根 युज् + संप्र。

附加练习：

आम्राश्च सिक्ताः पितरश्च प्रीणिताः॥१३॥ समानमीहमानानामधीयानानां च केचिदर्थैर्युज्यन्ते ऽपरे न॥१४॥ एवं हि दृश्यते लोके। पुरुषो ऽयं परकर्मणि प्रवर्तमानः स्वं कर्म जहाति। तद्यथा । तक्षा राजकर्मणि वर्तमानः स्वं कर्म जहाति॥१५॥ एकः शब्दः संयग्ज्ञातः शास्त्रान्वितः[1] सुप्रयुक्तः स्वर्गे लोके कामधुग्भवति॥१६॥ तवाश्वो नष्टो ममापि रथो दग्ध उभौ संप्रयुज्यावहा इति॥१७॥ अग्निषु हूयमानेषु प्रस्थितो हुतेष्वागतः। गोषु दुह्यमानासु प्रस्थितो दुग्धास्वागतः॥१८॥ पितामहस्योत्सङ्गे दारकमासीनं कश्चित्पृच्छति कस्यायमिति। स आह देवदत्तस्य यज्ञदत्तस्य वेति। उत्पादयितारं व्यपदिशति नात्मानमिति॥१९॥

1) "依据经论"。

339. 有关§§281—287

गते शोको न कर्तव्यः॥१॥ न हन्तव्यो ब्राह्मणः॥२॥ यं देवा हिंसितुमिच्छन्ति बुद्ध्या विश्लेषयन्ति तम्॥३॥ बालः पायसदग्धो[1] दध्यपि फूत्कृत्य भक्षयति॥४॥

न भेतव्यं न बोद्धव्यं न श्राव्यं वादिनो वचः।
झटिति प्रतिवक्तव्यं सभासु विजिगीषुभिः॥५॥
गुरोर्यत्र परीवादो निन्दा वापि प्रवर्तते।
कर्णौ तत्र पिधातव्यौ[2] गन्तव्यं वा ततो ऽन्यतः॥६॥
श्रुत्वा स्पृष्ट्वा च दृष्ट्वा च भुक्त्वा घ्रात्वा च यो नरः।
न हृष्यति ग्लायति वा स विज्ञेयो जितेन्द्रियः॥७॥
मन्यते पापकं कृत्वा न कश्चिद्वेत्ति मामिति।
विदन्ति चैनं देवाश्च यश्चैवान्तरपुरुषः॥८॥

1) 依主释（§313）。2) 词根 धा + पि＝अपि

附加练习：

फलवता च नाम प्रयत्नेन भवितव्यं न च प्रयत्नः फलाद्व्यतिरेच्यः॥९॥ क्षेयं पापं जेयो वृषलः॥१०॥ य उदात्ते कर्तव्ये ऽनुदात्तं करोति खण्डिकोपध्यायस्तस्मै चपेटां ददात्यन्यत्त्वं करोषीति॥११॥ लोके ऽभिरूपायोदकमानेयमभिरूपाय कन्या देयेति न चानभिरूपे प्रवृत्तिरस्ति तत्राभिरूपतमायेति गम्यते॥१२॥ लोके कंचित्कश्चित्पृच्छति ग्रामान्तरं[1] गमिष्यामि पन्थानं मे भवानुपदिशत्विति। स तस्मा आचष्टे अमुष्मिन्नवकाशे हस्तदक्षिणो ग्रहीतव्यो ऽमुष्मिन्नवकाशे हस्तवाम इति। यस्तत्र तिर्यक्पथो भवति न तस्मिन्संदेह इति कृत्वा नासावुपदिश्यते॥१३॥ भिक्षुको ऽयं द्वितीयां भिक्षां आसाद्य पूर्वां न जहाति संचयाय प्रवर्तते॥१४॥ अगोज्ञाय कश्चिद्गां सक्थनि कर्णे वा गृहीत्वोपदिशत्ययं गौरिति। न चास्मा आचष्ट इयमस्य संज्ञेति

भवति चास्य संप्रत्ययः॥१५॥ प्रमाणभूत[2] आचार्यो दर्भपवित्रपाणिः[3] शुचाववकाशे प्राङ्मुख उपविश्य महता यत्नेन सूत्रं प्रणयति स्म। तत्राशक्यं वर्णेनाप्यनर्थकेन भवितुं किं पुनरियता सूत्रेण॥१६॥ प्रसक्तस्य चानभिनिर्वृत्तस्य प्रतिषेधेन निवृत्तिः शक्या कर्तुं नाभिनिर्वृत्तस्य। यो हि भुक्तवन्तं ब्रूयान्मा भुक्था[4] इति किं तेन कृतं स्यात् ॥१७॥

1) 另一座村庄。2) 作为权威。3) 第四指佩带香茅草指环的。4) 命令式（Inj. §135）。

340. 针对§§304—324的练习例句。

सुखदुःखे मनुष्याणां चक्रवत्परिवर्तेते॥१॥ जन्ममृत्यू यात्येको भुनक्त्येकः शुभाशुभम्॥२॥ अत्वरा सर्वकार्येषु॥३॥ दूरस्थो ऽपि समीपस्थो यो वै मनसि वर्तते॥४॥ जीविताशा दुस्त्यजा॥५॥ आपदर्थं धनं रक्षेत्॥६॥ शस्त्रप्रहारा एव वीराणां भूषणम्॥७॥ कातरा दीर्घरोगाश्च भिषजां भाग्यहेतवः॥८॥ शङ्कयैव प्रकाशन्ते प्रच्छन्नपातकाः॥९॥ जयेदात्मानमेवादौ विजयायान्यविद्विषाम्॥१०॥ विद्वानेव विजानाति विद्वज्जनपरिश्रमम्॥११॥ कोशपूर्वाः सर्वारम्भाः॥१२॥ कुस्त्री प्रफुल्लकमला गूढनक्रेव पद्मिनी॥१३॥ हृतनयनो विषादी न विषादी भवति जात्यन्धः॥१४॥ असारः संसारो ऽयं गिरिनदीवेगोपमं यौवनं तृणाग्निसमं जीवितं शरदभ्रच्छायासदृशा भोगाः स्वप्नसदृशो मित्रपुत्रकलत्रसंयोगः॥१५॥

जरामृत्यू हि भूतानां खादितारौ वृकाविव।
बलिनां दुर्बलानां च ह्रस्वानां महतामपि॥ १६॥
भार्ये द्वे बहवः पुत्रा दारिद्र्यं रोगसंभवः।
जीर्णौ च मातापितरावेकैकं नरकाधिकम्॥१७॥
जगद्योनिरयोनिस्त्वं जगदन्तो निरन्तकः।
जगदादिरनादिस्त्वं जगदीशो निरीश्वरः[1]॥१८॥

1) 指最尊崇的神梵天。

附加练习：

देवदत्तयज्ञदत्ताभ्यामिदं कर्म कर्तव्यम्। देवदत्तापायं यज्ञदत्तो ऽपि न करोति॥१९॥ नद्यन्तं देवदत्तस्य क्षेत्रम्॥२०॥ आ गोदोहनं स्वपित्यौदनपाकमधीते॥२१॥ गोयूथमेकदण्डप्रघट्टितं सर्वं समं घोषं गच्छति॥२२॥ यस्तु पितृधनाय हितो नासाववश्यं पितृहितो भवति। ममैतद्धनं भविष्यतीत्येवं बुद्ध्य पितृधनरक्षणात्॥२३॥ कश्चित्कान्तारे समुपस्थिते सार्थमुपादत्ते। स यदा निष्कान्तारीभूतो भवति तदा सार्थं जहाति॥२४॥ प्रत्यय इति महती संज्ञा क्रियते। संज्ञा च नाम यतो न लघीयः। कुत एतत् । लघ्वर्थं हि संज्ञाकरणम् ॥२५॥ भक्ष्यनियमेनाभक्ष्यप्रतिषेधो गम्यते। पञ्च पञ्चनखा भक्ष्या इत्युक्ते गम्यते। एतदतो ऽन्ये ऽभक्ष्या इति । अभक्ष्यप्रतिषेधेन वा भक्ष्यनियमः। तद्यथा । अभक्ष्यो ग्राम्यकुक्कुटो ऽभक्ष्यो ग्राम्यशूकर इत्युक्ते गम्यत एतदारण्यो भक्ष्य इति ॥२६॥ अमात्यादीनां राज्ञा सह समवाये पारतन्त्र्यं व्यवाये स्वातन्त्र्यम् ॥२७॥ लोके यो यस्य प्रसङ्गे

भवति लभते ऽसौ तत्कार्याणि । तद्यथा । उपाध्यायस्य शिष्यो याज्यकुलानि गत्वाग्रासनादीनि लभते ॥ २८॥ कुम्भीधान्यः श्रोत्रिय इत्युच्यते। यस्य कुम्भ्यामेव धान्यं स कुम्भीधान्यः। यस्य पुनः कुम्भ्यां चान्यत्र च नासौ कुम्भीधान्यः॥२९॥

341. 针对§§191—213的练习。

गान्धारी किल पुत्राणां शतं लेभे वरं शुभेति शुश्राव॥१॥ मा निन्दत य इमां मह्यं रातिं देवो ददौ॥२॥ ईजिरे च महायज्ञैः क्षत्रिया बहुदक्षिणैः॥३॥ केचिच्छाल्वपतिं गत्वा नियोज्यमिति मेनिरे॥४॥ प्रजाः सर्वा महाराज विप्रजग्मुर्यथागतम्॥५॥ परराष्ट्राणि निर्जित्य स्वराष्ट्रं ववृधुः पुरा॥६॥ वाचमसुराः पाप्मना विविधुः॥ ७॥ घृतमप्सु जुहवां चकार॥८॥

पपात राक्षसो भूमौ रराट च भयंकरम्।
तुतोद गदया चारि तं दुध्रावाद्रिणा कपिः॥९॥

नियुज्य तं होमतुरङ्गरक्षणे धनुर्धरं राजसुतैरनुद्रुतम्।
अपूर्णमेकेन शतक्रतूपमः शतं क्रतूनामपविघ्नमाप सः॥१०॥

इयं विसृष्टिर्यत आबभूव यदि वा दधे यदि वा न।
यो अस्याध्यक्षः परमे व्योमन्[1] सो अङ्ग वेद यदि वा न वेद॥ ११॥

[1] 吠陀语的依格。

342. 针对§§214—229的练习例句。

देवदत्त ओदनमपाक्षीत् ॥१॥ प्रत्युत्थितं कश्चित्कंचित्पृच्छति क्व भवानुषित इति । स आह अमुत्रावात्समिति॥२॥ स तद्बिलं दण्डकाष्ठेन चखान न चाशकत् ॥३॥ ऋषयः सर्व एवैते पितामहमुपागमन् ॥४॥ नाभानेदिष्ठं मानवं ब्रह्मचर्यं वसन्तं भ्रातरो निरभजन् । सो ऽब्रवीत्किं मह्यमभाक्तेति ॥५॥ तदहं तुभ्यमेव ददाम य एव सत्यमवादीः॥६॥ अध्यगायि भवतानुवाकः । अवधि भवता दस्युः ॥७॥ य एव मामजीजनत तस्यैवाहमस्मि ॥८॥ देवतां चेदविद्वान्प्रस्तोष्यसि मूर्धा ते विपतिष्यतीति मा भगवानवोचत् ॥९॥ शनैरबोधि सुग्रीवः॥१०॥ अपि भवान्कमण्डलुपाणिं छात्त्रमद्राक्षीत् ॥११॥ रथेनायं पुरायासीत् ॥१२॥ अत्रिः सूर्यस्य दिवि चक्षुराधात्॥१३॥ नाश्रौषमिति राजानं सूत वक्ष्यसि संगमे॥१४॥

यं पुंसां त्रिषु लोकेषु सर्वशूरममंस्महि ।
तस्मिन्निपतिते शूरे किं शेषं पर्युपास्महे ॥१५॥

अतौत्सीद्गदया गाढमपिषच्चोपगूहनैः ।
जानुभ्यामदामीच्चान्यान्हस्तवर्तमवीवृतत् ॥१६॥

343. 针对§§258—266的练习例句。

त्वां पुत्रं चाप्यभीप्सामः कृत्वैतदनृणो भव॥१॥ अत्र ते वर्णयिष्यामि यदि शुश्रूषसे॥२॥ स नः पितेव पुत्रेभ्यः श्रेयः श्रेयश्चिकित्सतु॥३॥ नानृतं तच्चिकीर्षामि क्रुद्धो युष्मान्यदब्रुवम्॥४॥ ते मीमांसां चक्रुः को न आत्मा किं ब्रह्मेति॥५॥ एवं कंचित्कश्चिदधीयानमाह किमुच्चै रोरूयसे ऽथ नीचैर्वर्ततामिति। तमेव तथाधीयानमपर आह किमन्तर्दन्तकेनाधीष उच्चैर्वर्ततामिति॥६॥ ददर्श देदीप्यमानां वपुषा श्रिया च वरवर्णिनीम्॥७॥ चक्षुष्यपहते ऽन्धो बभूव ततः सो ऽन्धो ऽपि चंक्रम्यमाणः कूपे पपात॥८॥ हन्त ते कथयिष्यामि महदाख्यानमुत्तमम्॥९॥ अभ्यर्थयेथा देवेशममोघार्थं पुरंदरम्॥१०॥

न यज्ञार्थं धनं शूद्राद्विप्रो भिक्षेत कर्हिचित्।
यजमानो हि भिक्षित्वा चण्डालः प्रेत्य जायते॥११॥
ज्योतिषो ऽपि गुणं रूपं वायुराददते यदा।
प्रशाम्यति ततो ज्योतिर्वायुर्दोधूयते महान्॥१२॥

阅读文选

I. 那罗传（Nala）1—5

选自《摩诃婆罗多》（Mahābhārata）第三卷第50章。巨马（Bṛhadaśva）为坚战（Yudhiṣṭhira）讲述的故事。

॥ बृहदश्व उवाच ॥
आसीद्राजा नलो नाम वीरसेनसुतो बली ।
उपपन्नो गुणैरिष्टै[1] रूपवानश्वकोविदः ॥ १ ॥
अतिष्ठन्मनुजेन्द्राणां मूर्ध्नि देवपतिर्यथा ।
उपर्युपरि सर्वेषामादित्य इव तेजसा ॥ २ ॥
ब्रह्मण्यो वेदविच्छूरो[2] निषधेषु महीपतिः ।
अक्षप्रियः सत्यवादी महानक्षौहिणीपतिः ॥ ३ ॥
ईप्सितो नरनारीणामुदारः संयतेन्द्रियः ।
रक्षिता धन्विनां श्रेष्ठः साक्षादिव मनुः स्वयम् ॥ ४ ॥
तथैवासीद्विदर्भेषु भीमो भीमपराक्रमः ।
शूरः सर्वगुणैर्युक्तः प्रजाकामः स चाप्रजः ॥ ५ ॥
स प्रजार्थे परं यत्नमकरोत्सुसमाहितः ।
तमभ्यगच्छद्ब्रह्मर्षिर्दमनो नाम भारत ॥ ६ ॥
तं स भीमः प्रजाकामस्तोषयामास धर्मवित् ।
महिष्या सह राजेन्द्र सत्कारेण सुवर्चसम् ॥ ७ ॥
तस्मै प्रसन्नो दमनः सभार्याय वरं ददौ ।
कन्यारत्नं कुमारांश्च त्रीनुदारान्महायशाः ॥ ८ ॥
दमयन्तीं दमं दान्तं दमनं च सुवर्चसम् ।
उपपन्नान्गुणैः सर्वैर्भीमान्भीमपराक्रमान् ॥ ९ ॥
दमयन्ती तु रूपेण तेजसा वपुषा श्रिया ।

1) §34 b。 2) §28。

सौभाग्येन च लोकेषु यशः प्राप सुमध्यमा ॥ १० ॥
अथ तां वयसि प्राप्ते दासीनां समलंकृतम् ।
शतं शतं सखीनां च पर्युपासच्छचीमिव ॥ ११ ॥
तत्र स्म राजते भैमी सर्वाभरणभूषिता ।
सखीमध्येऽनवद्याङ्गी विद्युत्सौदामनी यथा ॥ १२ ॥
न देवेषु न यक्षेषु तादृग्रूपवती क्वचित् ।
मानुषेष्वपि चान्येषु दृष्टपूर्वाथवा श्रुता ॥ १३ ॥
नलश्च नरशार्दूलो लोकेष्वप्रतिमो भुवि ।
कन्दर्प इव रूपेण मूर्तिमानभवत्स्वयम् ॥ १४ ॥
तस्याः समीपे तु नलं प्रशशंसुः कुतूहलात् ।
नैषधस्य समीपे तु दमयन्तीं पुनः पुनः ॥ १५ ॥
तयोरदृष्टकामोऽभूच्छृण्वतोः सततं गुणान् ।
अन्योन्यं प्रति कौन्तेय स व्यवर्धत हृच्छयः ॥ १६ ॥
अशक्नुवन्नलः कामं तदा धारयितुं हृदा ।
अन्तःपुरसमीपस्थे वन आस्ते रहो गतः ॥ १७ ॥
स ददर्श ततो हंसाञ्जातरूपपरिष्कृतान् ।
वने विचरतां तेषामेकं जग्राह पक्षिणम् ॥ १८ ॥
ततोऽन्तरिक्षगो वाचं व्याजहार नलं तदा ।
हन्तव्योऽस्मि न ते राजन्करिष्यामि तव प्रियम् ॥ १९ ॥
दमयन्तीसकाशे त्वां कथयिष्यामि नैषध ।
यथा त्वदन्यं पुरुषं न सा मंस्यति कर्हिचित् ॥ २० ॥
एवमुक्तस्ततो हंसमुत्ससर्ज महीपतिः ।
ते तु हंसाः समुत्पत्य विदर्भानगमंस्ततः ॥ २१ ॥
विदर्भनगरीं गत्वा दमयन्त्यास्तदान्तिके ।
निपेतुस्ते गरुत्मन्तः सा ददर्श च तान्खगान् ॥ २२ ॥
सा तानद्भुतरूपान्वै दृष्ट्वा सखीगणावृता ।
हृष्टा ग्रहीतुं खगमांस्त्वरमाणोपचक्रमे ॥ २३ ॥
अथ हंसा विससृपुः सर्वतः प्रमदावने ।
एकैकशस्तदा कन्यास्तान्हंसान्समुपाद्रवन् ॥ २४ ॥
दमयन्ती तु यं हंसं समुपाधावदन्तिके ।
स मानुषीं गिरं कृत्वा दमयन्तीमथाब्रवीत् ॥ २५ ॥
दमयन्ति नलो नाम निषधेषु महीपतिः ।

अश्विनोः सदृशो रूपे न समास्तस्य मानुषाः ॥ २६ ॥
तस्य वै यदि भार्या त्वं भवेथा वरवर्णिनि ।
सफलं ते भवेज्जन्म रूपं चेदं सुमध्यमे ॥ २७ ॥
वयं हि देवगन्धर्वमनुष्योरगराक्षसान् ।
दृष्टवन्तो न चास्माभिर्दृष्टपूर्वस्तथाविधः ॥ २८ ॥
त्वं चापि रत्नं नारीणां नरेषु च नलो वरः ।
विशिष्टाया विशिष्टेन संगमो गुणवान्भवेत् ॥ २९ ॥
एवमुक्ता तु हंसेन दमयन्ती विशां पते ।
अब्रवीत्तत्र तं हंसं त्वमप्येवं नले वद ॥ ३० ॥
तथेत्युक्त्वाण्डजः कन्यां विदर्भस्य विशां पते ।
पुनरागम्य निषधान्नले सर्वं न्यवेदयत् ॥ ३१ ॥
॥ इति नलोपाख्याने प्रथमो ऽध्यायः ॥ १ ॥
दमयन्ती तु तच्छ्रुत्वा वचो हंसस्य भारत ।
ततः प्रभृति न स्वस्था नलं प्रति बभूव सा ॥ १ ॥
ततश्चिन्तापरा दीना विवर्णवदना कृशा ।
बभूव दमयन्ती तु निःश्वासपरमा तदा ॥ २ ॥
ऊर्ध्वदृष्टिर्ध्यानपरा बभूवोन्मत्तदर्शना ।
पाण्डुवर्णा क्षणेनाथ हृच्छयाविष्टचेतना ॥ ३ ॥
न शय्यासनभोगेषु रतिं विन्दति कर्हिचित् ।
न नक्तं न दिवा शेते हाहेति रुदती मुहुः ॥ ४ ॥
ततो विदर्भपतये दमयन्त्याः सखीजनः ।
न्यवेदयत्तामस्वस्थां दमयन्तीं नरेश्वर ॥ ५ ॥
तच्छ्रुत्वा नृपतिर्भीमो दमयन्तीसखीगणात् ।
चिन्तयामास तत्कार्यं सुमहत्स्वां सुतां प्रति ॥ ६ ॥
स समीक्ष्य महीपालः स्वां सुतां प्राप्तयौवनाम् ।
अपश्यदात्मना कार्यं दमयन्त्याः स्वयंवरम् ॥ ७ ॥
स संनिमन्त्रयामास महीपालान्विशां पते ।
अनुभूयतामयं वीराः स्वयंवर इति प्रभो ॥ ८ ॥
श्रुत्वा तु पार्थिवाः सर्वे दमयन्त्याः स्वयंवरम् ।
अभिजग्मुस्ततो भीमं राजानो भीमशासनात् ॥ ९ ॥
हस्त्यश्वरथघोषेण नादयन्तो वसुंधराम् ।

विचित्रमाल्याभरणैर्बलैर्दृप्तैः स्वलंकृतैः ॥ १० ॥
तेषां भीमो महाबाहुः पार्थिवानां महात्मनाम् ।
यथार्हमकरोत्पूजां ते ऽवसंस्तत्र पूजिताः ॥ ११ ॥
एतस्मिन्नेव काले तु सुराणामृषिसत्तमौ ।
अटमानौ महात्मानाविन्द्रलोकमितो गतौ ॥ १२ ॥
नारदः पर्वतश्चैव महाप्राज्ञौ महाव्रतौ ।
देवराजस्य भवनं विविशाते सुपूजितौ ॥ १३ ॥
तावर्चयित्वा मघवा ततः कुशलमव्ययम् ।
पप्रच्छानामयं चापि तयोः सर्वगतं विभुः ॥ १४ ॥
॥ नारद उवाच ॥
आवयोः कुशलं देव सर्वत्रगतमीश्वर ।
लोके च मघवन्कृत्स्ने नृपाः कुशलिनो विभो ॥ १५ ॥
॥ बृहदश्व उवाच ॥
नारदस्य वचः श्रुत्वा पप्रच्छ बलवृत्रहा ।
धर्मज्ञाः पृथिवीपालास्त्यक्तजीवितयोधिनः ॥ १६ ॥
शस्त्रेण निधनं काले ये गच्छन्त्यपराङ्मुखाः ।
अयं लोको ऽक्षयस्तेषां यथैव मम कामधुक् ॥ १७ ॥
क्व नु ते क्षत्रियाः शूरा न हि पश्यामि तानहम् ।
आगच्छतो महीपालान्दयितानतिथीन्मम ॥ १८ ॥
एवमुक्तस्तु शक्रेण नारदः प्रत्यभाषत ।
शृणु मे मघवन्येन न दृश्यन्ते महीक्षितः ॥ १९ ॥
विदर्भराज्ञो दुहिता दमयन्तीति विश्रुता ।
रूपेण समतिक्रान्ता पृथिव्यां सर्वयोषितः ॥ २० ॥
तस्याः स्वयंवरः शक्र भविता नचिरादिव ।
तत्र गच्छन्ति राजानो राजपुत्राश्च सर्वशः ॥ २१ ॥
एतस्मिन्कथ्यमाने तु लोकपालाश्च साग्निकाः ।
आजग्मुर्देवराजस्य समीपममरोत्तमाः ॥ २२ ॥
ततस्ते शुश्रुवुः सर्वे नारदस्य वचो महत् ।
श्रुत्वैव चाब्रुवन्हृष्टा गच्छामो वयमप्युत ॥ २३ ॥
ततः सर्वे महाराज सगणाः सहवाहनाः ।

विदर्भानभिजग्मुस्ते यतः सर्वे महीक्षितः ॥ २४ ॥
नलो ऽपि राजा कौन्तेय श्रुत्वा राज्ञां समागमम् ।
अभ्यगच्छददीनात्मा दमयन्तीमनुव्रतः ॥ २५ ॥
अथ देवाः पथि नलं ददृशुर्भूतले स्थितम् ।
साक्षादिव स्थितं मूर्त्या मन्मथं रूपसंपदा ॥ २६ ॥
तं दृष्ट्वा लोकपालास्ते भ्राजमानं यथा रविम् ।
तस्थुर्विगतसंकल्पा विस्मिता रूपसंपदा ॥ २७ ॥
ततो ऽन्तरिक्षे विष्टभ्य विमानानि दिवौकसः ।
अब्रुवन्नैषधं राजन्नवतीर्य नभस्तलात् ॥ २८ ॥
भो भो नैषध राजेन्द्र नल सत्यव्रतो भवान् ।
अस्माकं कुरु साहाय्यं दूतो भव नरोत्तम ॥ २९ ॥
॥ इति नलोपाख्याने द्वितीयो ऽध्यायः ॥ २ ॥
तेभ्यः प्रतिज्ञाय नलः करिष्य इति भारत ।
अथैतान्परिपप्रच्छ कृताञ्जलिरुपस्थितः ॥ १ ॥
के वै भवन्तः कश्चासौ यस्याहं दूत ईप्सितः ।
किं च तद्वो मया कार्यं कथयध्वं यथातथम् ॥ २ ॥
एवमुक्ते नैषधेन मघवानभ्यभाषत ।
अमरान्वै निबोधास्मान्दमयन्त्यर्थमागतान् ॥ ३ ॥
अहमिन्द्रो ऽयमग्निश्च तथैवायमपां पतिः[1] ।
शरीरान्तकरो नृणां यमो ऽयमपि पार्थिव ॥ ४ ॥
त्वं वै समागतानस्मान्दमयन्त्यै निवेदय ।
लोकपाला महेन्द्राद्याः समायान्ति दिदृक्षवः ॥ ५ ॥
प्राप्तुमिच्छन्ति देवास्त्वां शक्रो ऽग्निर्वरुणो यमः ।
तेषामन्यतमं देवं पतित्वे वरयस्व ह ॥ ६ ॥
एवमुक्तः स शक्रेण नलः प्राञ्जलिरब्रवीत् ।
एकार्थसमुपेतं मां न प्रेषयितुमर्हथ ॥ ७ ॥
कथं नु जातसंकल्पः स्त्रियमुत्सहते पुमान् ।
परार्थमीदृशं वक्तुं तत्क्षमन्तु महेश्वराः ॥ ८ ॥
॥ देवा ऊचुः ॥
करिष्य इति संश्रुत्य पूर्वमस्मासु नैषध ।

1) ＝伐鲁那。

न करिष्यसि कस्मात्त्वं व्रज नैषध माचिरम् ॥ ९ ॥

॥ बृहदश्व उवाच ॥

एवमुक्तः स देवैस्तैर्नैषधः पुनरब्रवीत् ।
सुरक्षितानि वेश्मानि प्रवेष्टुं कथमुत्सहे ॥ १० ॥
प्रवेक्ष्यसीति तं शक्रः पुनरेवाभ्यभाषत ।
जगाम स तथेत्युक्त्वा दमयन्त्या निवेशनम् ॥ ११ ॥
ददर्श तत्र वैदर्भीं सखीगणसमावृताम् ।
देदीप्यमानां वपुषा श्रिया च वरवर्णिनीम् ॥ १२ ॥
अतीव सुकुमाराङ्गीं तनुमध्यां सुलोचनाम् ।
आक्षिपन्तीमिव प्रभां शशिनः स्वेन तेजसा ॥ १३ ॥
तस्य दृष्ट्वैव ववृधे कामस्तां चारुहासिनीम् ।
सत्यं चिकीर्षमाणस्तु धारयामास हृच्छयम् ॥ १४ ॥
ततस्ता नैषधं दृष्ट्वा संभ्रान्ताः परमाङ्गनाः ।
आसनेभ्यः समुत्पेतुस्तेजसा तस्य धर्षिताः ॥ १५ ॥
प्रशशंसुश्च सुप्रीता नलं ता विस्मयान्विताः ।
न चैनमभ्यभाषन्त मनोभिस्त्वभ्यपूजयन् ॥ १६ ॥
अहो रूपमहो कान्तिरहो धैर्यं महात्मनः ।
को ऽयं देवो ऽथवा यक्षो गन्धर्वो वा भविष्यति ॥ १७ ॥
न तास्तं शक्नुवन्ति स्म व्याहर्तुमपि किंचन ।
तेजसा धर्षितास्तस्य लज्जावत्यो वराङ्गनाः ॥ १८ ॥
अथैनं स्मयमानं तु स्मितपूर्वाभिभाषिणी ।
दमयन्ती नलं वीरमभ्यभाषत विस्मिता ॥ १९ ॥
कस्त्वं सर्वानवद्याङ्ग मम हृच्छयवर्धन ।
प्राप्तो ऽस्यमरवद्वीर ज्ञातुमिच्छामि ते ऽनघ ॥ २० ॥
कथमागमनं चेह कथं चासि न लक्षितः ।
सुरक्षितं हि मे वेश्म राजा चैवोग्रशासनः ॥ २१ ॥
एवमुक्तस्तु वैदर्भ्या नलस्तां प्रत्युवाच ह ।
नलं मां विद्धि कल्याणि देवदूतमिहागतम् ॥ २२ ॥
देवास्त्वां प्राप्तुमिच्छन्ति शक्रो ऽग्निर्वरुणो यमः ।
तेषामन्यतमं देवं पतिं वरय शोभने ॥ २३ ॥

तेषामेव प्रभावेन प्रविष्टो ऽहमलक्षितः ।
प्रविशन्तं न मां कश्चिदपश्यन्नाप्यवारयत् ॥ २४ ॥
एतदर्थमहं भद्रे प्रेषितः सुरसत्तमैः ।
एतच्छ्रुत्वा शुभे बुद्धिं प्रकुरुष्व यथेच्छसि ॥ २५ ॥
॥ इति नलोपाख्याने तृतीयो ऽध्यायः ॥ ३ ॥
सा नमस्कृत्य देवेभ्यः प्रहस्य नलमब्रवीत् ।
प्रणयस्व यथाश्रद्धं राजन्किं करवाणि ते ॥ १ ॥
अहं चैव हि यच्चान्यन्ममास्ति वसु किंचन ।
तत्सर्वं तव विश्रब्धं कुरु प्रणयमीश्वर ॥ २ ॥
हंसानां वचनं यत्तु तन्मां दहति पार्थिव ।
त्वत्कृते हि मया वीर राजानः संनिपातिताः ॥ ३ ॥
यदि त्वं भजमानां मां प्रत्याख्यास्यसि मानद ।
विषमग्निं जलं रज्जुमास्थास्ये तव कारणात् ॥ ४ ॥
एवमुक्तस्तु वैदर्भ्या नलस्तां प्रत्युवाच ह ।
तिष्ठत्सु लोकपालेषु कथं मानुषमिच्छसि ॥ ५ ॥
येषामहं लोककृतामीश्वराणां महात्मनाम् ।
न पादरजसा तुल्यो मनस्ते तेषु वर्तताम् ॥ ६ ॥
विप्रियं ह्याचरन्मर्त्यो देवानां मृत्युमृच्छति ।
त्राहि मामनवद्याङ्गि वरयस्व सुरोत्तमान् ॥ ७ ॥
विरजांसि च वासांसि दिव्याश्चित्राः स्रजस्तथा ।
भूषणानि च दिव्यानि देवान्प्राप्य तु भुङ्क्ष्व वै ॥ ८ ॥
य इमां पृथिवीं कृत्स्नां संक्षिप्य ग्रसते पुनः ।
हुताशमीशं देवानां का तं न वरयेत्पतिम् ॥ ९ ॥
यस्य दण्डभयात्सर्वे भूतग्रामाः समागताः ।
धर्ममेवानुरुध्यन्ति का तं न वरयेत्पतिम् ॥ १० ॥
धर्मात्मानं महात्मानं दैत्यदानवमर्दनम् ।
महेन्द्रं सर्वदेवानां का तं न वरयेत्पतिम् ॥ ११ ॥
क्रियतामविशङ्केन मनसा यदि मन्यसे ।
वरुणं लोकपालानां सुहृद्वाक्यमिदं शृणु ॥ १२ ॥
नैषधेनैवमुक्ता सा दमयन्ती वचो ऽब्रवीत् ।

समाप्लुताभ्यां नेत्राभ्यां शोकजेनाथ वारिणा ॥ १३ ॥
देवेभ्यो ऽहं नमस्कृत्य सर्वेभ्यः पृथिवीपते ।
वृणे त्वामेव भर्तारं सत्यमेतद्ब्रवीमि ते ॥ १४ ॥
तामुवाच ततो राजा वेपमानां कृताञ्जलिम् ।
दौत्येनागत्य कल्याणि नोत्सहे स्वार्थमीप्सितम् ॥ १५ ॥
कथं ह्यहं प्रतिश्रुत्य देवतानां विशेषतः ।
परार्थे यत्नमारभ्य कथं स्वार्थमिहोत्सहे ॥ १६ ॥
एष धर्मो यदि स्वार्थो ममापि भविता ततः ।
एवं स्वार्थं करिष्यामि तथा भद्रे विधीयताम् ॥ १७ ॥
ततो बाष्पाकुलां वाचं दमयन्ती शुचिस्मिता ।
प्रत्याहरन्ती शनकैर्नलं राजानमब्रवीत् ॥ १८ ॥
उपायो ऽयं मया दृष्टो निरपायो नरेश्वर ।
येन दोषो न भविता तव राजन्कथंचन ॥ १९ ॥
त्वं चैव हि नरश्रेष्ठ देवाश्चेन्द्रपुरोगमाः ।
आयान्तु सहिताः सर्वे मम यत्र स्वयंवरः ॥ २० ॥
ततो ऽहं लोकपालानां संनिधौ त्वां नरेश्वर ।
वरयिष्ये नरव्याघ्र नैवं दोषो भविष्यति ॥ २१ ॥
एवमुक्तस्तु वैदर्भ्या नलो राजा विशां पते ।
आजगाम पुनस्तत्र यत्र देवाः समागताः ॥ २२ ॥
तमपश्यंस्तथायान्तं लोकपाला महेश्वराः ।
दृष्ट्वा चैनं ततो ऽपृच्छन्वृत्तान्तं सर्वमेव तम् ॥ २३ ॥
कच्चिद्दृष्टा त्वया राजन्दमयन्ती शुचिस्मिता ।
किमब्रवीच्च नः सर्वान्वद भूमिपते ऽनघ ॥ २४ ॥

॥ नल उवाच ॥

भवद्भिरहमादिष्टो दमयन्त्या निवेशनम् ।
प्रविष्टः सुमहाकक्षं दण्डिभिः स्थविरैर्वृतम् ॥ २५ ॥
प्रविशन्तं च मां तत्र न कश्चिद्दृष्टवान्नरः ।
ऋते तां पार्थिवसुतां भवतामेव तेजसा ॥ २६ ॥
सख्यश्चास्या मया दृष्टास्ताभिश्चाप्युपलक्षितः ।
विस्मिताश्चाभवन्सर्वा दृष्ट्वा मां विबुधेश्वराः ॥ २७ ॥
वर्ण्यमानेषु च मया भवत्सु रुचिरानना ।

मामेव गतसंकल्पा वृणीते सा सुरोत्तमाः ॥ २८ ॥
अब्रवीच्चैव मां बाला आयान्तु सहिताः सुराः ।
त्वया सह नरव्याघ्र मम यत्र स्वयंवरः ॥ २९ ॥
तेषामहं संनिधौ त्वां वरयिष्यामि नैषध ।
एवं तव महाबाहो दोषो न भवितेति ह ॥ ३० ॥
एतावदेव विबुधा यथावृत्तमुदाहृतम् ।
मया शेषे प्रमाणं तु भवन्तस्त्रिदशेश्वराः ॥ ३१ ॥
॥ इति नलोपाख्याने चतुर्थो ऽध्यायः ॥ ४ ॥
॥ बृहदश्व उवाच ॥
अथ काले शुभे प्राप्ते तिथौ पुण्ये क्षणे तथा ।
आजुहाव महीपालान्भीमो राजा स्वयंवरे ॥ १ ॥
तच्छ्रुत्वा पृथिवीपालाः सर्वे हृच्छयपीडिताः ।
त्वरिताः समुपाजग्मुर्दमयन्तीमभीप्सवः ॥ २ ॥
कनकस्तम्भरुचिरं तोरणेन विराजितम् ।
विविशुस्ते नृपा रङ्गं महासिंहा इवाचलम् ॥ ३ ॥
दमयन्ती ततो रङ्गं प्रविवेश शुभानना ।
मुष्णन्ती प्रभया राज्ञां चक्षूंषि च मनांसि च ॥ ४ ॥
तस्या गात्रेषु पतिता तेषां दृष्टिर्महात्मनाम् ।
तत्र तत्रैव सक्ताभून्न चचाल च पश्यताम् ॥ ५ ॥
ततः संकीर्त्यमानेषु राज्ञां नामसु भारत ।
ददर्श भैमी पुरुषान्पञ्च तुल्याकृतीनिह ॥ ६ ॥
तान्समीक्ष्य ततः सर्वान्निर्विशेषाकृतीन्स्थितान् ।
संदेहादथ वैदर्भी नाभ्यजानान्नलं नृपम् ॥ ७ ॥
यं यं हि ददृशे तेषां तं तं मेने नलं नृपम् ।
सा चिन्तयन्ती बुद्ध्याथ तर्कयामास भाविनी ॥ ८ ॥
कथं नु देवाञ्जानीयां कथं विद्यां नलं नृपम् ।
एवं संचिन्तयन्ती सा वैदर्भी भृशदुःखिता ॥ ९ ॥
श्रुतानि देवलिङ्गानि तर्कयामास भारत ।
देवानां यानि लिङ्गानि स्थविरेभ्यः श्रुतानि मे ॥ १० ॥
तानीह तिष्ठतां भूमावेकस्यापि न लक्षये ।

एवं विचिन्त्य बहुधा विचार्य च पुनः पुनः ॥ ११ ॥
शरणं प्रति देवानां प्राप्तकालममन्यत ।
देवेभ्यः प्राञ्जलिर्भूत्वा वेपमानेदमब्रवीत् ॥ १२ ॥
हंसानां वचनं श्रुत्वा यथा मे नैषधो वृतः ।
पतित्वे तेन सत्येन देवास्तं प्रदिशन्तु मे ॥ १३ ॥
मनसा वचसा चैव यथा नातिचराम्यहम् ।
तेन सत्येन विबुधास्तमेव प्रदिशन्तु मे ॥ १४ ॥
यथा देवैः स मे भर्ता विहितो निषधाधिपः ।
तेन सत्येन मे देवास्तमेव प्रदिशन्तु मे ॥ १५ ॥
यथेदं व्रतमारब्धं नलस्याराधने मया ।
तेन सत्येन मे देवास्तमेव प्रदिशन्तु मे ॥ १६ ॥
स्वं चैव रूपं कुर्वन्तु लोकपाला महेश्वराः ।
यथाहमभिजानीयां पुण्यश्लोकं नराधिपम् ॥ १७ ॥
निशम्य दमयन्त्यास्तत्करुणं परिदेवितम् ।
यथोक्तं चक्रिरे देवाः सामर्थ्यं लिङ्गधारणे ॥ १८ ॥
सापश्यद्विबुधान्सर्वानस्वेदान्स्तब्धलोचनान् ।
हृषितस्रग्रजोहीनान्स्थितानस्पृशतः क्षितिम् ॥ १९ ॥
छायाद्वितीयो म्लानस्रग्रजःस्वेदसमन्वितः ।
भूमिष्ठो नैषधश्चैव निमेषेण च सूचितः ॥ २० ॥
सा समीक्ष्य तु तान्देवान्पुण्यश्लोकं च भारत ।
नैषधं वरयामास भैमी धर्मेण पाण्डव ॥ २१ ॥
विलज्जमाना वस्त्रान्तं जग्राहायतलोचना ।
स्कन्धदेशे ऽसृजत्तस्य स्रजं परमशोभनाम् ॥ २२ ॥
वरयामास चैवैनं पतित्वे वरवर्णिनी ।
ततो हाहेति सहसा मुक्तः शब्दो नराधिपैः ॥ २३ ॥
देवैर्महर्षिभिस्तत्र साधु साध्विति भारत ।
विस्मितैरीरितः शब्दः प्रशंसद्भिर्नलं नृपम् ॥ २४ ॥
दमयन्तीं तु कौरव्य वीरसेनसुतो नृपः ।
आश्वासयद्वरारोहां प्रहृष्टेनान्तरात्मना ॥ २५ ॥
यत्त्वं भजसि कल्याणि पुमांसं देवसंनिधौ ।

तस्मान्मां विद्धि भर्तारमेवं ते वचने रतम् ॥ २६ ॥
यावच्च मे धरिष्यन्ति प्राणा देहे शुचिस्मिते ।
तावत्त्वयि भविष्यामि सत्यमेतद्ब्रवीमि ते ॥ २७ ॥
पार्थिवाश्चानुभूयास्य विवाहं विस्मयान्विताः ।
दमयन्त्याश्च मुदिताः प्रतिजग्मुर्यथागतम् ॥ २८ ॥
गतेषु पार्थिवेन्द्रेषु भीमः प्रीतो महामनाः ।
विवाहं कारयामास दमयन्त्या नलस्य च ॥ २९ ॥
॥ इति नलोपाख्याने पञ्चमो ऽध्यायः ॥ ५ ॥

II. 狡猾的商人之妇（《益世嘉言》）

उत्पन्नामापदं यस्तु समाधत्ते स बुद्धिमान् ।
वणिजो भार्यया जारः प्रत्यक्षे निह्नुतो यथा ॥

अस्ति विक्रमपुरे समुद्रदत्तो नाम वणिक् । तस्य च रत्नप्रभा नाम वधूः केनापि स्वसेवकेन समं सर्वदा रमते । यतः ।

न स्त्रीणामप्रियः कश्चित्प्रियो वापि न विद्यते ।
गावस्तृणमिवारण्ये प्रार्थयन्ति नवं नवम् ॥

अथैकदा सा रत्नप्रभा तस्य सेवकस्य मुखे चुम्बनं ददती तेन समुद्रदत्तेनालोकिता । ततः सा बन्धकी सत्वरं भर्तुः समीपमुपगम्याह । नाथ । एतस्य सेवकस्य तावन्महती निर्वृत्तिः । यतो हिङ्गुगन्धः प्रत्यक्षो ऽस्य मुखे मया घ्रातः । तथा चोक्तम् ।

आहारो द्विगुणः स्त्रीणां बुद्धिस्तासां चतुर्गुणा ।
षड्गुणो व्यवसायश्च कामश्चाष्टगुणः स्मृतः ॥

तच्छ्रुत्वा सेवकेनापि प्रकुप्योक्तम् । यस्य गृहस्येदृशी विधा तत्र सेवकेन कथं स्थातव्यम् । यत्र प्रतिक्षणं वधूः सेवकस्य मुखमाघ्राति । ततो ऽसावुत्थाय चलितः । स च साधुना प्रबोध्य यत्नाद्धृतः ॥

III. 捧面粉罐的婆罗门（《五卷书》）

अनागतवतीं चिन्तामसंभाव्यां करोति यः ।
स एव पाण्डुरः शेते सोमशर्मपिता यथा ॥

कस्मिंश्चिन्नगरे कश्चित्स्वभावकृपणो नाम ब्राह्मणः प्रतिवसति स्म । तस्य भिक्षार्जितैः सक्तुभिर्भुक्तोर्वरितैर्घटः परिपूरितः । तं च घटं नागदन्ते ऽवलम्ब्य तस्याधस्तात्खट्वां निधाय सततमेकदृष्ट्या तमवलोकयति । अथ कदाचिद्रात्रौ सुप्तश्चिन्तयामास । यत्परिपूर्णो ऽयं घटस्तावत्सक्तुभिर्वर्तते । तद्यदि दुर्भिक्षं भवति तदनेन रूपकाणां शतमुत्पद्यते । ततस्तेन मयाजाद्वयं ग्रहीतव्यम् । ततः षण्मासिकप्रसववशात्ताभ्यां यूथं भविष्यति । ततो ऽजाभिः प्रभूता गा ग्रहीष्यामि गोभिर्महिषीर्महिषीभिर्वडवाः । वडवाप्रसवतः प्रभूता अश्वा भविष्यन्ति । तेषां विक्रयात्प्रभूतं सुवर्णं भविष्यति । सुवर्णेन चतुःशालं गृहं संपद्यते । ततः कश्चिद्ब्राह्मणो मम गृहमागत्य प्राप्तवयस्कां रूपाढ्यां कन्यां दास्यति । तत्सकाशात्पुत्रो मे भविष्यति । तस्याहं सोमशर्मेति नाम करिष्यामि । ततस्तस्मिञ्जानुचलनयोग्ये संजाते ऽहं पुस्तकं गृहीत्वाश्वशालायाः पृष्ठदेश उपविष्टस्तदवधारयिष्यामि । अत्रान्तरे सोमशर्मा मां दृष्ट्वा जनन्युत्सङ्गाज्जानुप्रचलनपरो ऽश्वखुरासन्नवर्ती मत्समीपमागमिष्यति । ततो ऽहं ब्राह्मणीं कोपाविष्टो ऽभिधास्यामि । गृहाण तावद्बालकम् । सापि गृहकर्मव्यग्रतयास्मद्वचनं न श्रोष्यति । ततो ऽहं समुत्थाय तां पादप्रहारेण ताडयिष्यामि । एवं तेन ध्यानस्थितेन तथैव पादप्रहारो दत्तो यथा स घटो भग्नः । सक्तुभिः पाण्डुरतां गतः ॥

IV. 真假朋友

पण्डितो ऽपि वरं शत्रुर्न मूर्खो हितकारकः ।
वानरेण हतो राजा विप्राश्चौरेण रक्षिताः ॥

कस्यचिद्राज्ञो नित्यं वानरो ऽतिभक्तिपरो ऽङ्गसेवको ऽन्तःपुरे ऽप्यप्रतिषिद्धप्रसरो ऽतिविश्वासस्थानमभूत् । एकदा राज्ञो निद्रां गतस्य वानरे व्यजनं नीत्वा वायुं विदधति राज्ञो वक्षःस्थलोपरि मक्षिकोपविष्टा । व्यजनेन मुहुर्मुहुर्निषिध्यमानापि पुनः पुनस्तत्रैवोपविशति । ततस्तेन स्वभावचपलेन मूर्खेण वानरेण क्रुद्धेन सता तीव्रं खड्गमादाय तस्या उपरि प्रहारो विहितः ।

ततो मक्षिकोड्डीय गता परं तेन शितधारेणासिना राज्ञो वक्षो द्विधा जातं राजा मृतश्च । तस्माच्चिरायुरिच्छता नृपेण मूर्खो ऽनुचरो न रक्षणीयः ॥

अपरमेकस्मिन्नगरे को ऽपि विप्रो महाविद्वान्परं पूर्वजन्मयोगेन चौरो वर्तते । तस्मिन्पुरे ऽन्यदेशादागतांश्चतुरो विप्रान्बहूनि वस्तूनि विक्रीणतो दृष्ट्वा चिन्तितवान् । अहो केनोपायेनैषां धनं लभे । इति विचिन्त्य तेषां पुरो ऽनेकानि शास्त्रोक्तानि सुभाषितानि चातिप्रियाणि मधुराणि वचनानि जल्पता तेषां मनसि विश्वासमुत्पाद्य सेवा कर्तुमारब्धा । अथवा साध्विद-मुच्यते ।

असती भवति सलज्जा क्षारं नीरं च शीतलं भवति ।
दम्भी भवति विवेकी प्रियवक्ता भवति धूर्तजनः ॥

अथ तस्मिन्सेवां कुर्वति तैर्विप्रैः सर्ववस्तूनि विक्रीय बहुमूल्यानि रत्नानि क्रीतानि । ततस्तानि जङ्घामध्ये तत्समक्षं प्रक्षिप्य स्वदेशं प्रतिगन्तुमुद्यमो विहितः । ततः स धूर्तविप्रस्तान्विप्रान्गन्तुमुद्यतान्प्रेक्ष्य चिन्ताव्याकुलितमनाः संजातः । अहो धनमेतन्न किंचिन्मम चटितम् । अथैभिः सह यामि । पथि क्वापि विषं दत्त्वैतान्निहत्य सर्वरत्नानि गृह्णामि । इति विचिन्त्य तेषामग्रे सकरुणं विलप्येदमाह । भो मित्राणि यूयं मामेकाकिनं मुक्त्वा गन्तुमुद्यताः । तन्मे मनो भवद्भिः सह स्नेहपाशेन बद्धं भवद्विरहनाम्नैवाकुलं संजातं यथा धृतिं क्वापि न धत्ते । ततो यूयमनुग्रहं विधाय सहायभूतं मामपि सहैव नयत । तद्वचः श्रुत्वा ते करुणार्द्रचित्तास्तेन सममेव स्वदेशं प्रति प्रस्थिताः । अथाध्वनि तेषां पञ्चानामपि पल्लीपुरमध्ये व्रजतां ध्वाङ्क्षाः कथयितुमारब्धाः । रे रे किराता धावत धावत । सपादलक्षधनिनो यान्ति । एतान्निहत्य धनं नयत । ततः किरातैर्ध्वाङ्क्षवचनमाकर्ण्य सत्वरं गत्वा ते विप्रा लगुडप्रहारैर्ज-र्जरीकृत्य वस्त्राणि मोचयित्वा विलोकिताः परं धनं किंचिन्न लब्धम् । तदा तैः किरातैरभिहितम् । भोः पान्थाः पुरा कदापि ध्वाङ्क्षवचनमनृतं नासीत् । ततो भवतां संनिधौ क्वापि धनं विद्यते तदर्पयत । अन्यथा सर्वेषामपि वधं विधाय चर्म विदार्य प्रत्यङ्गं प्रेक्ष्य धनं नेष्यामः । तदा तेषामीदृशं वचन-माकर्ण्य चौरविप्रेण मनसि चिन्तितम् । यदेषां विप्राणां वधं विधायाङ्गं विलोक्य रत्नानि नेष्यन्ति तदापि मां वधिष्यन्ति ततो ऽहं पूर्वमेवात्मानमरत्नं समर्प्यैतान्मुञ्चामि । उक्तं च ।

मृत्योर्बिभेषि किं बाल न स भीतं विमुञ्चति ।
अद्य वाब्दशतान्ते वा मृत्युर्वै प्राणिनां ध्रुवः ॥

निरीक्ष्य वस्त्राणि मोचयित्वा विलोकिताः परं धनं किंचिन्न लब्धम् । तदा तैः किरातैरभिहितम् । भोः पान्थाः पुरा कदापि ध्वाङ्क्षवचनमनृतं नासीत् । ततो भवतां संनिधौ क्वापि धनं विद्यते तदर्पयत । अन्यथा सर्वेषामपि वधं विधाय चर्म विदार्य प्रत्यङ्गं प्रेक्ष्य धनं नेष्यामः । तदा तेषामीदृशं वचनमाकर्ण्य चौरविप्रेण मनसि चिन्तितम् । यदैषां विप्राणां वधं विधायाङ्गं विलोक्य रत्नानि नेष्यन्ति तदापि मां वधिष्यन्ति ततो ऽहं पूर्वमेवात्मानमरत्नं समर्प्यैतान्मुञ्चामि । उक्तं च ।

मृत्योर्बिभेषि किं बाल न स भीतं विमुञ्चति ।
अद्य वाब्दशतान्ते वा मृत्युर्वै प्राणिनां ध्रुवः ॥

तथा च ।

गवार्थे ब्राह्मणार्थे च प्राणत्यागं करोति यः ।
सूर्यस्य मण्डलं भित्त्वा स याति परमां गतिम् ॥

इति निश्चित्याभिहितम् । भोः किराता यद्येवं ततो मां पूर्वं निहत्य विलोकयत । ततस्तैस्तथानुष्ठिते तं धनरहितमवलोक्यापरे चत्वारो ऽपि मुक्ताः ॥

V. 动物的报复（《五卷书》）

चटकाकाष्ठकूटेन[1] मक्षिकादर्दुरैस्तथा ।
महाजनविरोधेन कुञ्जरः प्रलयं गतः ॥

कस्मिंश्चिद्वनोद्देशे चटकदंपती तमालतरुकृतनिलयौ प्रतिवसतः । अथ गच्छता कालेन संततिरभवत् । अन्यस्मिन्नहनि प्रमत्तो गजः कश्चित्तं तमालवृक्षं घर्मार्तश्छायार्थी समाश्रितः । ततो मदोत्कर्षात्तां तस्य शाखां चटकाक्रान्तां पुष्कराग्रेणाकृष्य बभञ्ज । तस्या भङ्गेन चटकाण्डानि सर्वाणि विशीर्णानि । आयुःशेषतया च चटका कथमपि प्राणैर्न वियुक्ता । अथ साण्डभङ्गाभिभूता प्रलापान्कुर्वाणा न कथंचिदतिष्ठत् । अत्रान्तरे तस्यास्तान्प्रलापाञ्श्रुत्वा काष्ठकूटो नाम पक्षी तस्याः परमसुहृत्तद्दुःखदुःखितो ऽभ्येत्य तामुवाच । भवति किं वृथा प्रलापेन । उक्तं च ।

नष्टं मृतमतिक्रान्तं नानुशोचन्ति पण्डिताः ।
पण्डितानां च मूर्खाणां विशेषो ऽयं यतः स्मृतः ॥

1) 相违释，§309，2。

तथा च ।

अशोच्यानीह भूतानि यो मूढस्तानि शोचति ।
स दुःखे लभते दुःखं द्वावनर्थौ निषेवते ॥

अन्यच्च ।

श्लेष्माश्रु[1] बान्धवैर्मुक्तं प्रेतो भुङ्क्ते यतो ऽवशः ।
तस्मान्न रोदितव्यं हि क्रियाः कार्याः प्रयत्नतः ॥

चटका प्राह । अस्त्वेतत् । परं दुष्टगजेन मदान्मम संतानक्षयः कृतः । तद्यदि मम त्वं सुहृत्सत्यस्तदस्य गजापसदस्य को ऽपि वधोपायश्चिन्त्यो यस्यानुष्ठानेन मे संततिनाशदुःखमपसरति ।

काष्ठकूट आह । भवति सत्यमभिहितं भवत्या । उक्तं च ।

स सुहृद्व्यसने यः स्यात्स पुत्रो यस्तु भक्तिमान् ।
स भृत्यो यो विधेयज्ञः सा भार्या यत्र निर्वृतिः ॥

तत्पश्य मे बुद्धिप्रभावम् । परं ममापि सुहृद्भूता वीणारवा नाम मक्षिकास्ति । तत्तामाहूयागच्छामि येन स दुरात्मा दुष्टगजो हन्यते । अथासौ सह चटकया मक्षिकामासाद्य प्रोवाच । भद्रे ममेष्टेयं चटका केनचिद्दुष्टगजेन पराभूताण्डस्फोटनेन । तत्तस्य वधोपायमनुतिष्ठतो मे साहाय्यं कर्तुमर्हसि । मक्षिकाप्याह । भद्र किमुच्यते ऽत्र विषये । उक्तं च ।

पुनःप्रत्युपकाराय मित्राणां क्रियते प्रियम् ।
यत्पुनर्मित्रमित्रस्य कार्यं मित्रैर्न किं कृतम् ॥

सत्यमेतत् । परं ममापि भेको मेघनादो नाम मित्रं तिष्ठति । तमप्याहूय यथोचितं कुर्मः । उक्तं च ।

हितैः साधुसमाचारैः[2] शास्त्रज्ञैर्मतिशालिभिः ।
कथंचिन्न विकल्पन्ते विद्वद्भिश्चिन्तिता नयाः ॥

अथ ते त्रयो ऽपि गत्वा मेघनादस्याग्रे पूर्वं वृत्तान्तं निवेद्य तस्थुः । अथ स प्रोवाच । कियन्मात्रो गजो वराको महाजनस्य कुपितस्य । तन्मदीयो मन्त्रः कर्तव्यः । मक्षिके त्वं गत्वा मध्याह्नसमये तस्य मदोत्कटस्य गजस्य कर्णे वीणारवसदृशं शब्दं कुरु येन श्रवणसुखलालसो निमीलितनयनो भवति । ततश्च काष्ठकूटचञ्च्वा स्फोटितनयनो ऽन्धीभूतस्तृषार्तो मम गर्ततटाश्रितस्य सपरिकरस्य शब्दं श्रुत्वा जलाशयं मत्वाभ्येति । ततो गर्तमासाद्य पतिष्यति पञ्चत्वं यास्यति चेति । एवं समवायः कर्तव्यो यथा वैरसाधनं भवति । अथ

1) 多财释。2) 参考 §33-a) 注。

तथानुष्ठिते स मत्तगजो मक्षिकागेयश्रवणसुखान्निमीलितनयनः पश्चात्काष्ठकू-
टहतचक्षुर्मध्याह्नसमये भ्राम्यन्मण्डूकशब्दानुसारी गच्छन्महतीं गर्तामासाद्य
पतितो मृतश्च ॥

VI. 鼠女（《织机小故事》）

सूर्यं भर्तारमिच्छन्ती पर्जन्यं मारुतं गिरिम् ।
स्वयोनिं मूषिका प्राप्ता योनिर्हि दुरतिक्रमा ॥

कस्मिंश्चिद्देशे ऋषिर्जाह्नव्यां स्नात्वोपस्प्रष्टुमारब्धः । करतले चास्य श्येनपरिभ्रष्टा मूषकशाविका पतिता । तां चासौ न्यग्रोधपादपमूले संस्थाप्य पुनस्स्नात्वा गृहाभिमुख× प्रायात् । मूषिकां च स्मृत्वाचिन्तयत् । नृशंसमेतन्मया कृतं मातृपितृपरिभ्रष्टां मूषिकां परित्यजतेति । एवमाकलय्य प्रतिनिवृत्य तां मूषिकां स्वतपोबलेन कन्यां कृत्वा गृहमानीयानपत्यायै भार्यायै प्रायच्छत् । आह च । भद्रे प्रयत्नेनेयं संवर्ध्यतामिति । अथ कालेन द्वादशवर्षे प्राप्ते विवाहकार्ये तस्या ऋषिश्चिन्तामापेदे । यतः ।

पितुर्गृहे तु या कन्या रज× पश्यति चक्षुषा ।
वृषली सा तु विज्ञेया न शूद्री वृषली स्मृता ॥

अतो ऽहमेनां सदृशाय प्रयच्छामि । उक्तं च ।

ययोरेव समं वित्तं ययोरेव समं कुलम् ।
तयोस्सख्यं विवाहश्च न तु पुष्टविपुष्टयोः ॥

स एवं मत्वा भगवन्तं सहस्रकिरणमाहूयाभिहितवान् । विवाह्यतां मम दुहितेयमिति । असावपि लोकपालस्सर्ववृत्तान्तप्रत्यक्षदर्शी तमाह । भगवन् । मत्तो मेघा बलवत्तराः । यत्कारणमहमुदितो ऽपि तैरदृश्य× क्रिय इति । एवमेतदित्युक्त्वा मुनिर्मेघानाहूतवान् । गृह्यतां मे दुहितेति । ते ऽप्याहुः । अस्मत्तो ऽपि [3]बलवान्वायुः । तेन वयमितश्चेतश्च दिग्भ्यो विक्षिप्यामहे । अथ तेन वायुराहूतः । गृह्यतां मद्दुहितेति । एवमुक्तो ऽसावब्रवीत् । भगवन् । मत्तो बलवत्तरा× पर्वताः । यतो ऽहं तानङ्गुलमात्रमपि चालयितुमशक्तः । ततो ऽसावचलमाहूयाभिहितवान् । गृह्यतां मम कन्येति । स आह । नूनम-

3) 比较意义中的原级。

चला[1] वयं किं त्वजस्त्रं मूषकैर्गम्याः। तैरितश्चेतश्च शतच्छिद्रा× क्रियामहे। एवमवधार्य मुनिना मूषक आहूयोक्तः। गृह्यतां मम कन्येति। ततो ऽसावाह। विधुरमिदम् । कथमियं विवरं प्रवेक्ष्यतीति । सत्यमेतदिति परमर्षिणा स्वतपोबलेन पुन× पूर्वप्रकृतिमापादिता ॥

VII. 织工巧扮毗湿奴（《五卷书》）

सुगुप्तस्यापि दम्भस्य ब्रह्माप्यन्तं न गच्छति।
कौलिको विष्णुरूपेण राजकन्यां निषेवते ॥

कस्मिंश्चिदधिष्ठाने कौलिकरथकारौ मित्रे प्रतिवसतः स्म। तत्र च बाल्यात्प्रभृति सहचारिणौ परस्परमतीव स्नेहपरौ सदैकस्थाने विहारिणौ कालं नयतः। कदाचिदथ तत्राधिष्ठाने कस्मिंश्चिद्देवतायतने महोत्सवो यात्रालक्षणः संवृत्तः। तत्र च नटनर्तकचारणसंकुले नानादेशादागतजनाकुले तौ सहचरौ भ्रमन्तौ कांचिद्राजकन्यां करेणुकारूढां सर्वलक्षणसनाथां कञ्चुकिवर्षधरपरिवृतां देवतादर्शनार्थं समायातां दृष्टवन्तौ। अथासौ कौलिकस्तां दृष्ट्वा विषार्दित इव दुष्टग्रहगृहीत इव कामशरैर्हन्यमानः सहसा भूतले पपात। अथ तं तदवस्थमवलोक्य रथकारस्तद्दुःखदुःखित आप्तपुरुषैस्तं समुत्क्षिप्य स्वगृहमानयत्। तत्र विविधैः शीतोपचारैश्चिकित्सकोपदिष्टैर्मन्त्रवादिभिश्चोपचर्यमाणश्चिरात्कथंचित्सचेतनो बभूव। ततश्च रथकारेण पृष्टः। भो मित्र किमेवं त्वमकस्माद्विचेतनः संजातः। तत्कथ्यतामात्मस्वरूपम्। सो ऽब्रवीत्। वयस्य यद्येवम् तच्छृणु मे रहस्यं येनाशेषं ते वदामि। यदि त्वं सौहार्दं मन्यसे तदा काष्ठप्रदानेन प्रसादः क्रियताम्। क्षम्यतां यन्मया प्रणयातिरेकादयुक्तं तवानुष्ठितम्। सो ऽपि तदाकर्ण्य बाष्पपिहितनयनः सगद्गदमुवाच। वयस्य यद्येवम् तद्दुःखकारणं कथय येन तस्य प्रतीकारः क्रियते यदि कर्तुं शक्यते। उक्तं च यतः।

औषधार्थसुमन्त्राणां बुद्धेश्चैव महात्मनाम्।
असाध्यं नास्ति लोके ऽत्र किंचिद्ब्रह्माण्डमध्यगम् ॥

तदेतेषां चतुर्णां यदि साध्यं भविष्यति तदहं साधयिष्यामि। कौलिक आह। वयस्य यद्येवम् एतेषामन्येषामपि शतसहस्रोपायानामसाध्यं तन्मे दुःखम्। तस्मान्मम मरणे कालक्षेपं मा कुरु। रथकार आह। भो मित्र। तथापि

[1] 文字游戏。[2] 取消连声在某些情况下表示逗号。

निवेदय मे येनासाध्यं मत्वा त्वया सह वह्नौ प्रविशामि । न क्षणमपि त्वद्वियोगं सहिष्ये । एष मे निश्चयः । कौलिक आह । वयस्य श्रूयतां तर्हि । या राजकन्या तत्रोत्सवे करेणुकारूढा समायाता दृष्टा तस्या दर्शनानन्तरं भगवता मकरध्वजेनेयमवस्था विहिता । न शक्नोमि तद्वेदनां सोढुम् । रथकारो ऽपि तच्छ्रुत्वा सस्मितमिदमाह । वयस्य यद्येवम् तद्दिष्ट्या सिद्धं त्वत्प्रयोजनम् । तदद्यैव तया सह संगमः क्रियतामिति । कौलिक आह । वयस्य यत्र कन्यकान्तःपुरे वायुं मुक्त्वा नान्यस्य प्रवेशो ऽस्ति तत्र रक्षापुरुषरक्षिते कथं तया सह संगमः क्रियताम् । तत्किं मामेवासत्यवचनैर्विडम्बयसि । रथकार आह । वयस्य पश्य मे बुद्धिबलम् । एवमभिधाय तत्क्षणात्कीलासंचारिणं वैनतेयं बाहुयुगलं च वायुजवृक्षदारुणा शङ्खचक्रगदापद्मान्वितं वनमालान्वितं सकिरीटकौस्तुभमघटयत् । ततश्च तस्मिंस्तं समारोप्य विष्णुचिह्नैश्चिह्नितं कृत्वा कीलासंचारणविज्ञानं दर्शयित्वा प्रोवाच । भो वयस्य अनेन रूपेण त्वं कन्यकान्तःपुरे निशीथे तां राजकन्यां सप्तभूमिकप्रासादप्रान्तगतां मुग्धस्वभावां त्वां वासुदेवं मन्यमानां स्वकीयमिथ्यावक्रोक्तिभी रञ्जयित्वा भज ।

कौलिको ऽपि तदाकर्ण्य तथारूपस्तत्र गत्वा तामाह । राजपुत्रि सुप्ता किं वा जागर्षि । अहं ते क्षीरसमुद्रात्सानुरागो लक्ष्मीं विहाय स्वयमेवाभ्यागतः । तन्मया सह क्रियतां समागम इति । सापि तं गरुडारूढं चतुर्भुजं सर्वायुधसमेतमवलोक्य सविस्मयमासनादुत्थाय कृताञ्जलिपुटा प्रोवाच । भगवन् अहं मानुषकीटिकाशुचिः । भगवांस्त्रैलोक्यपूज्यः कर्ता च । तत्कथमेतत्कर्तुं युज्यते । कौलिक आह । सुभगे सत्यमभिहितम् । परं किं तु राधा नाम मे भार्या नन्दगोपकुल आसीत् । सा त्वं मत्परिणीता । तेनाहमागत इति । सा प्रोवाच । भगवन् यद्येवम् तन्मे तातं प्रार्थय येन सो ऽप्यविकल्पं तुभ्यं मां प्रयच्छति । कौलिक आह । सुभगे नाहं मानुषदर्शनं गच्छामि कुतो वाक्यालापकरणम् । तद्गान्धर्वविवाहेनात्मानं प्रयच्छ । नो चेत् शापं दत्त्वा त्वां सान्वयां भस्मसात्करिष्यामीति ।

एवमभिधाय गरुडादवतीर्य सव्ये पाणौ गृहीत्वा तां सलज्जां सभयां वेपमानां शय्यामनयत् । ततश्च रात्रिशेषं यावद्वात्स्यायनोक्तविधिना निषेव्य प्रत्यूषे स्वगृहमलक्षितो जगाम । एवं तस्य तां नित्यमेव सेवमानस्य कालो गच्छति ।

अथ कदाचित्कञ्चुकिनस्तस्या अधरप्रवालमलीकेनाधरखण्डितेन खण्डितं दृष्ट्वा ते प्रोचुः । अहो एतस्या राजकन्यायाः पुरुषोपभुक्ताया इव शरीरावयवा विभाव्यन्ते । तत्किमिदम् । सुरक्षिते ऽप्यस्मिन्गृह एवंविधो व्यवहारः ।

तद्राज्ञे निवेदयाम इति । एवं निश्चित्य राजानं समभ्येत्य प्रोचुः । देव वयं न विद्मः परं सुरक्षिते ऽप्यस्मिन्कन्यकान्तःपुरे कश्चित्प्रविशति । तत्र देवः प्रमाणमिति ।

राजापि तच्छ्रुत्वातीव व्याकुलितचित्तो देवीपार्श्वं गत्वा प्रोवाच । देवि विज्ञायतां सम्यगेते कञ्चुकिनो यद्वदन्ति । तस्याद्य कृतान्तः कुपितो येनैष द्रोहः कृतः । देवी श्रुत्वा व्याकुलीभूता सत्वरं गत्वा तां खण्डिताधरां नख-विदारितशरीरामपश्यत् । प्रोवाच च । आः पापे कुलनाशिनि । किमेवं शील-खण्डनं कृतम् । को ऽयं कृतान्तावलोकितस्त्वत्सकाशमभ्येति । तत्कथ्यतां ममाग्रे सत्यमिति । सापि त्रपाधोमुख्यूचे सकलं विष्णुरूपकौलिकवृत्तान्तम् । तच्छ्रुत्वा प्रहसितवदना पुलकाङ्कितसर्वाङ्गी सत्वरं गत्वा राजानमूचे । देव दिष्ट्या वर्धसे । नित्यमेव निशीथे भगवान्नारायणः कन्यकापार्श्वे समभ्येति । तेन गान्धर्वविवाहेन विवाहिता सा । तदद्य रात्रौ मया त्वया च वातायन-गताभ्यां स निशीथे द्रष्टव्यो यतो न स मानुषैः सह वचनं करोति ।

तच्छ्रुत्वा राज्ञो हर्षितस्य तद्दिनं वर्षशतमिव कथंचिज्जगाम । ततस्तु रात्रौ निभृतो भूत्वा वातायनस्थो गगनासक्तदृष्टिर्यावत्तिष्ठति तावत्तस्मिन्समये गरुडारूढं शङ्खचक्रगदाहस्तं यथोक्तचिह्नमाकाशादवोत्तरन्तं कौलिकमपश्यत् । ततश्च सुधापूरप्लावितमिवात्मानं मन्यमानस्तामुवाच । प्रिये नास्त्यन्यो धन्य-तरो मया त्वया च समानो यदस्मत्प्रसूतिं भगवान्नारायणः समभ्येत्य भजते । तत्सिद्धा अस्माकं सर्वे मनोरथा हृदयस्थाः । अथ जामातृप्रभावेण सकलां वसुमतीं वशीकरिष्यामीति ।

एवं निश्चित्य सर्वैः सीमाधिपैः सह मर्यादाव्यतिक्रममकरोत् । ते च तं मर्यादाव्यतिक्रमेण वर्तमानमवलोक्य सर्वे समभ्येत्य तेन सह विग्रहं चक्रुः । एतस्मिन्नन्तरे राजा देवीमुखेन तां दुहितरमुवाच । पुत्रि त्वयि दुहितरि स्थितायां भगवति नारायणे जामातरि स्थिते किमेवं युज्यते यत्सर्वे ऽपि पार्थिवा मया सह विग्रहं कुर्वन्ति । तत्संबोध्यो ऽद्य त्वया भर्ता यथा मम शत्रून्व्यापादयति तत्कार्यम् ।

अथ कौलिको रात्रौ समायातः सविनयं राजपुत्र्याभिहितः । भगवन् त्वयि जामातरि स्थिते यच्छत्रुभिः परिभूयते तातस्तत्ते पराभवः । तत्प्रसादं कृत्वा सर्वांस्ताञ्शत्रून्व्यापादय । कौलिक आह । सुभगे कियन्मात्रास्तावत्तव शत्रवः । तद्विश्रब्धा भव । क्षणेन सुदर्शनचक्रेण तिलशः खण्डयिष्यामि ।

अथ गच्छता कालेन सर्वदेशं शत्रुभिरुद्वास्य स राजा प्राकारशेषः कृतः । तदपि तं वासुदेवरूपधरं कौलिकमजानन्नित्यमेव विशेषतः कर्पूरक-

स्तूरिकादिपरिमलविशेषान्नानाप्रकारवस्त्रपुष्पभक्ष्यपेयान्[1] प्रेषयन्दुहितृमुखेन तमूचे । भगवन् प्रभाते स्थानभङ्गो नूनं भविष्यति । यतः सर्वेषां यवसान्नसंक्षयः संजातः । अपरं सर्वो ऽपि जनो जर्जरितदेहः संवृत्तो योद्धुमक्षमः प्रचुरो मृतश्च । तदेवं ज्ञात्वात्र काले यदुचितं भवति तत्कर्तव्यम् । तच्छ्रुत्वा कौलिको ऽचिन्तयत् । स्थानभङ्गे संजाते ममापि नूनं मृत्युरनया सह वियोगश्च भविष्यति । तस्माद्गरुडमारुह्याकाशस्थः सायुधमात्मानं शत्रूणां दर्शयामि । कदाचिद्विष्णुमूर्तिं मन्यमानास्ते साशङ्का अस्य राज्ञो योधैर्हन्यन्ते । उक्तं च यतः ।

निर्विषेणापि सर्पेण कर्तव्या महती फटा ।
विषं भवतु मा वास्तु फटाटोपो भयंकरः ॥

अथवा मम स्थानार्थे मृत्युर्भवति तदपि सुन्दरतरम् । उक्तं च यतः ।

गवार्थे ब्राह्मणार्थे च स्थानार्थे स्त्रीकृते ऽथवा ।
स्वाम्यर्थे यस्त्यजेत्प्राणांस्तस्य लोकाः सनातनाः ॥

एवं निश्चित्य दन्तधावनं भक्षयित्वा प्रोवाच । सुभगे समस्तैः शत्रुभिर्व्यापादितैरन्नं भक्षयिष्यामि त्वया सह संगमं च करिष्यामीति । परं वाच्यस्त्वयात्मपिता यत्प्रभाते प्रभूतेन सैन्येन नगरान्निष्क्रम्य योद्धव्यम् । अहं चाकाशस्थित एव सर्वांस्तान्निस्तेजसः करिष्यामि । पश्चात्सुखेन भवता हन्तव्याः । यदि पुनरहं स्वयमेव सूदयिष्यामि तत्तेषां पापात्मनां वैकुण्ठगतिर्भविष्यति । तस्मात्ते तथा कर्तव्या यथा पलायमानास्ते न खे गच्छन्ति । सापि तदाकर्ण्य स्वयं गत्वा सर्वं पितुरुवाच । राजापि तस्या वचनं श्रुत्वा प्रत्यूषे युद्धाय निश्चक्राम । कौलिको ऽपि मरणे कृतनिश्चयश्चापपाणिराकाशस्थित एव युद्धाय प्रस्थितः ।

एतस्मिन्नन्तरे भगवता नारायणेनातीतानागतवर्तमानवेदिना स्मृतमात्रो वैनतेयः प्राप्तः । वासुदेवस्य कौलिकरूपं विज्ञाय वैनतेयमुवाच । भो गरुत्मन् जानासि त्वम् । मम रूपेण कौलिको दारुमये त्वयि समारूढो राजकन्यकामुपभुङ्क्ते । सो ऽब्रवीत् । देव ज्ञातं सर्वमस्य विचेष्टितम् । किं कर्तव्यं सांप्रतम् । भगवानाह । कौलिको ऽद्य मरणे कृतनिश्चयो ऽनशने कृतनिश्चयश्च युद्धार्थं निर्गतस्तिष्ठति । स नूनं नानाक्षत्रियप्रधानैः शराहतो निधनं यास्यति । तस्मिन्मृते सर्वो ऽपि जन एवं वदिष्यति यत्प्रभूतक्षत्रियैर्मिलित्वा वासुदेवो गरुडश्च निपातितः । ततः परं लोको ऽयमावयोः पूजां न करिष्यति । शत्रूंस्तद्द्रुतं गत्वा तत्र दारुमये गरुडे संक्रमणं कुरु । अहं कौलिकशरीरे

[1] 多财释，°विशेषान् 的定语。或许可以更改为°पेयानि?

संक्रमणं करिष्यामि येन स शत्रून्व्यापादयति । शत्रुवधादावयोर्माहात्म्य-वृद्धिश्च भवति ।

अथ गरुडेन तथेति प्रतिपन्ने भगवान्नारायणस्तस्य शरीरे संक्रमणमकरोत् । एतस्मिन्नन्तरे सर्वे ते क्षत्रिया विष्णुवैनतेयतेजसा दग्धास्तेन भूभुजा व्यापादिताः। ततः परं स कौलिकः प्रत्यक्षतया स्वेच्छया तां राजपुत्रीं बुभुजे॥

VIII. 忠实的商人之子（《故事海》）

नगर्यां पुष्करावत्यां गूढसेनाभिधो नृपः ।
आसीत्तस्य च जातो ऽभूदेक एव किलात्मजः ॥ १ ॥
स राजपुत्रो दृप्तः सन्नेकपुत्रतया शुभम् ।
अशुभं वापि यच्चक्रे पिता तस्यासहिष्ट तत् ॥ २ ॥
भ्राम्यतोपवने जातु दृष्टस्तेनैकपुत्रकः ।
वणिजो ब्रह्मदत्तस्य स्वतुल्यविभवाकृतिः ॥ ३ ॥
दृष्ट्वा च सद्यः सो ऽनेन स्वयंवरसुहृत्कृतः ।
तदैव चैकरूपौ तौ जातौ राजवणिक्सुतौ ॥ ४ ॥
स्थातुं न शेकतुः क्षिप्रं तावन्योन्यमदर्शने ।
आशु बध्नाति हि प्रेम प्राग्जन्मान्तरसंस्तवः ॥ ५ ॥
नोपभुङ्क्ते स्म तं भोगं राजपुत्रः कदाचन ।
वणिक्पुत्रस्य यस्तस्य नादावेवोपकल्पितः ॥ ६ ॥
एकदा सुहृदस्तस्य निश्चित्योद्वाहमादितः ।
अहिच्छत्त्रं विवाहाय स प्रतस्थे नृपात्मजः ॥ ७ ॥
मित्रेण तेन साकं च गजारूढः ससैनिकः ।
गच्छन्निक्षुमतीतीरं प्राप्य सायं समावसत् ॥ ८ ॥
तत्र चन्द्रोदये पानमासेव्य शयनं श्रितः ।
अर्थितो निजया धात्र्या कथां वक्तुं प्रचक्रमे ॥ ९ ॥
उपक्रान्तकथो जह्रे श्रान्तो मत्तश्च निद्रया ।
धात्री च तद्वत्सो ऽप्यासीत्स्नेहाज्जाग्रद्वणिक्सुतः ॥ १० ॥
ततः सुप्तेषु चान्येषु स्त्रीणामिव मिथः कथा ।

गगने शुश्रुवे तेन वणिक्पुत्रेण जाग्रता ॥ ११ ॥
अनाख्याय कथां सुप्तः पापो ऽयं तच्छपाम्यहम् ।
परिद्रक्ष्यत्यसौ हारं प्रातस्तं चेद्ग्रहीष्यति ॥ १२ ॥
कण्ठलग्नेन तेनैष तत्क्षणं मृत्युमाप्स्यति ।
इत्युक्त्वा विररामैका द्वितीया च ततो ऽब्रवीत् ॥ १३ ॥
अतो यद्ययमुत्तीर्णस्तद्द्रक्ष्यत्याम्रपादपम् ।
भोक्ष्यते चेत्फलान्यस्य ततः प्राणैर्विमोक्ष्यते ॥ १४ ॥
इत्युक्त्वा व्यरमत्सापि तृतीयाभिदधे ततः ।
यद्येतदपि तीर्णो ऽयं तद्विवाहकृते गृहम् ॥ १५ ॥
प्रविष्टश्चेत्तदेवास्य हन्तुं पृष्ठे पतिष्यति ।
उक्त्वेति न्यवृतत्सापि चतुर्थी व्याहरत्ततः ॥ १६ ॥
अतो ऽपि यदि निस्तीर्णस्तन्नक्तं वासवेश्मनि ।
प्रविष्टः शतकृत्वो ऽयं क्षुतं सद्यः करिष्यति ॥ १७ ॥
शतकृत्वो ऽपि यद्यस्य जीवेति न वदिष्यति ।
कश्चिदत्र ततश्चैष मृत्योर्वशमुपैष्यति ॥ १८ ॥
येन चेदं श्रुतं सो ऽस्य रक्षार्थं यदि वक्ष्यति ।
तस्यापि भविता मृत्युरित्युक्त्वा सा न्यवर्तत ॥ १९ ॥
वणिक्सुतश्च तत्सर्वं श्रुत्वा निर्घातदारुणम्[1] ।
स तस्य राजपुत्रस्य स्नेहोद्विग्नो व्यचिन्तयत् ॥ २० ॥
उपक्रान्तामनाख्यातां धिक्कथां यद्यलक्षिताः ।
देवताः श्रोतुमायाताः शपन्त्यस्तु कुतूहलात्[2] ॥ २१ ॥
तदेतस्मिन्मृते राजसुते को ऽर्थो ममासुभिः ।
अतो ऽयं रक्षणीयो मे युक्त्या प्राणसमः सुहृत् ॥ २२ ॥
वृत्तान्तो ऽपि न वाच्यो ऽस्य मा भूद्दोषो ममाप्यतः ।
इत्यालोच्य निशां निन्ये स कृच्छ्रेण वणिक्सुतः ॥ २३ ॥
राजपुत्रो ऽपि स प्रातः प्रस्थितस्तत्सखः पथि ।
ददर्श पुरतो हारं तमादातुमियेष च ॥ २४ ॥
ततो ऽब्रवीद्वणिक्पुत्रो हारं मा स्म ग्रहीः सखे ।
मायेयमन्यथा नैते पश्येयुः सैनिकाः कथम् ॥ २५ ॥
तच्छ्रुत्वा तं परित्यज्य गच्छन्नग्रे ददर्श सः ।

1) §317-b。2) 是否应为 शपन्त्यतिकुतूहलात् ？

आम्रवृक्षं फलान्यस्य भोक्तुं चैच्छन्नृपात्मजः ॥ २६ ॥
वणिक्पुत्रेण च प्राग्वत्ततो ऽपि स निवारितः ।
सान्तःखेदः शनैर्गच्छन्प्राप श्वशुरवेश्म तत् ॥ २७ ॥
तत्रोद्वाहकृते वेश्म विशन्द्वारान्निवर्तितः ।
तेनैव सख्या यावच्च तावत्तत्पतितं गृहम् ॥ २८ ॥
ततः कथंचिदुत्तीर्णः किंचित्सप्रत्ययो निशि ।
निवासकं विवेशान्यं राजपुत्रो वधूसखः ॥ २९ ॥
तत्र तस्मिन्वणिक्पुत्रे प्रविश्यालक्षितस्थिते ।
शतकृत्वः क्षुतं चक्रे शयनीयाश्रितो ऽथ सः ॥ ३० ॥
शतकृत्वो ऽपि तस्यात्र नीचैर्जीवेत्युदीर्य सः ।
कृतकार्यो वणिक्पुत्रो हृष्टः स्वैरं बहिर्ययौ ॥ ३१ ॥
निर्यान्तं तमपश्यच्च राजपुत्रो वधूसखः ।
ईर्ष्याविस्मृततत्स्नेहः क्रुद्धो द्वाःस्थानुवाच च ॥ ३२ ॥
पापात्मायं रहःस्थस्य प्रविष्टो ऽन्तःपुरं मम ।
तद्बद्ध्वा स्थाप्यतां यावत्प्रभाते ऽसौ निगृह्यते ॥ ३३ ॥
तद्बुद्ध्वा रक्षिभिर्बद्धो निशां निन्ये वणिक्सुतः ।
प्रातर्वध्यभुवं तैश्च नीयमानो ऽब्रवीत्स तान् ॥ ३४ ॥
आदौ नयत मां तावद्राजपुत्रान्तिकं यतः ।
वक्ष्यामि कारणं किंचित्ततः कुरुत मे वधम् ॥ ३५ ॥
इत्युक्तैस्तेन तैर्गत्वा विज्ञप्तः स नृपात्मजः ।
सचिवैर्बोधितश्चान्यैस्तस्यानयनमादिशत् ॥ ३६ ॥
आनीतः सो ऽब्रवीत्तस्मै वृत्तान्तं राजसूनवे ।
प्रत्ययाद्गृहपातोत्यान्मेने सत्यं च सो ऽपि तत् ॥ ३७ ॥
ततस्तुष्टः समं सख्या वधमुक्तेन तेन सः ।
आययौ राजतनयः कृतदारो निजां पुरीम् ॥ ३८ ॥
तत्र सो ऽपि सुहृत्तस्य कृतदारो वणिक्सुतः ।
स्तूयमानगुणः सर्वैर्जनैरासीद्यथासुखम् ॥ ३९ ॥

词汇及练习中出现的缩略语

Ā. —Ātmanepada 中间语态。

Avy. —Avyayībhāva §325，不变复合词，副词。

enkl.— enklitisch 粘着词，指不可在句首出现而跟在其他词后面的虚词或者缩略形式。

f.— Femininum 阴性。

Inj.— Injuntiv 命令式。

m.— Maskulinum 阳性。

n.— Neutrum 中性。

P. — Parasmaipada 主动语态。

【过分】＝ 过去被动分词。

【致使】＝ 致使动词。

数字表示现在时体系的类属。词前或词后的 ° 表示这个词是一个复合词的末词或前词。

排序：在字母顺序中，Anusvāra 和 Visarga 位于第一个辅音（क）之前。复合动词归列在简单词根下。

词 汇

अ【代词】【语干】§119。

अ°，在元音前是 अन्°，否定前缀。

अकस्मात् 意料外的，突然。

अक्ष m. 骰子。

अक्षम 无能的。

अक्षय 不消失的，永恒的。

अक्षौहिणी f. 军队。

अगोज्ञ 不认识牛的。

अग्नि m. 火，火神。

अग्र n. 顶端；依格：在……之前（加属格），前面，之前；向前，前进。

अङ्कित 有标识的。

अङ्ग（表示加强的语气词）的确。

अङ्ग n. 肢体，身体。【多财释】f. °ई。

अङ्गना f. 妇人。

अङ्गसेवक m. 保镖。

अङ्गुल m. 一拇指宽。

अङ्गार n. 炭。

अचल 不动的；m. 山、山脉。

अजस्रम् 【副词】不停顿地。

अजा f. 山羊。

अजानत्（ज्ञा）不认识的。

अञ्जलि m. 双手合十。

अट् 1. 漫游。

अण्ड n. 蛋。

अण्डज m. 鸟。

अतन्द्रित 不倦的，持久的。

अतस् 【从格】（§59）由此；因此。

अति° 超出，很，特别。

अतिथि m.客人。

अतिरेक m. 过量。

अतीत n. 过去。

अतीव 很。

अत्र（अ 语干的依格）（§113 注）这儿，那儿；于此。

अत्रि m. 一个仙人的名字。

अत्वरा f. 不急，不慌不忙。

अथ 尔时，当时，然后。

अथवा 或许，或者更……；若是。

अद् 2. 吃。

अदर्शन n. 无现，无形，隐。

अदस् §120

अदृश्य 不可见的。
अदृष्ट 未曾见过的，没想到的。
अद्भुत 绝妙的。（古译）未曾有。
अद्य 今天，现在。
अद्रि m. 石头。
अधर 下面；m.下唇，唇。
अधस् 朝下。
अधस्तात् 下面，（加属格）在……之下。
अधिक 更大，更强，多于，更坏。
अधिप m. 统治者。
अधिष्ठान n. 地方。
अधीयान 学习；m. 学生。
अधुना 现在。
अधोमुख【多财释】，f. °ई 脸朝下的。
अध्यक्ष m. 看守。
अध्याय m. 章。
अध्वन् m. 路。
अन्° 见 अ°。
अनघ 无罪的，无错的。
अनडुह् m. 牛。
अनन्त 无边无际的。
अनन्तर 无间，紧随。
अनन्तरम् 紧接着，继之【复合词】。
अनन्ध 不瞎的。
अनपत्य f. °आ 无子嗣的。
अनर्थ m. 不幸，灾难，损失。
अनर्थक 无用的。
अनवद्य 无可指责的，无瑕的。
अनशन n. 不食，禁食。
अनागत n. 将来。
अनागतवत् 将来的，未来的。
अनादि 无始的。
अनामय n. 健康。
अनायक 无头领的。
अनारतम् 【副词】无休止地。
अनिच्छत् 不希望的。
अनुग्रह m. 恩惠，欢喜。
अनुचर m. 侍从。
अनुदात्त m. 低音元音。
अनुमान n. 推理，结论。
अनुवाक m. 背诵；背诵的段落。
अनुव्रत 忠诚的，忠实于……【业格】的。
अनुष्ठान n. 执行。
अनुष्ठित 见 स्था + अनु 。
अनुसारिन् 跟着走的。
अनृण 无债务的。
अनृत 不真实的；n. 错误。
अनेक【复数】多，许多。
अन्त m. n. 终端，边界，目的；结果。अन्तं गम् 发现，明白。
अन्तःखेद m. 心中的烦恼。
अन्तःपुर n. 闺阁，后宫。
अन्तकर 使结束的，终结。
अन्तकाल m. 死期。
अन्तर् （二者）之间、之内。
अन्तर 内部的；n. 间隔中的时间，时机；区别。（在复合词尾部）另外的。
अन्तरपुरुष m. 灵魂，良心。

अन्तरा 在……中间。

अन्तरात्मन् m. 灵魂，心。

अन्तरिक्ष n. 虚空，（天地之间的）空间。°ग m. 鸟。

अन्तर्दन्तक （位于）牙齿之间的。

अन्तिक n. 附近。

अन्ध 瞎；अन्धीभू 变瞎。

अन्न n. 饭食。

अन्य（§116）另一个，其他；अन्यस्मिन्नहनि 有一天。अन्यच्च 而且再者，另外。अन्यतम 众多之一。

अन्यतस् 他处。

अन्यथा 不然，否则。

अन्योन्य 互相；°म् 【副词】相互。

अन्वित 见 इ + अनु。

अप् f.【复数】（§102）水。

अपण्डित 无学问的。

अपत्य n. 孩子，子嗣。

अपर（§118）另一个；°म् 其次，此外。

अपराङ्मुख 不掉转脸的，不怯懦的。

अपराध m. 罪过。

अपविघ्न 不受阻碍的。

अपसद m. 呕吐物，渣滓，等外之人。

अपाय m. 离开。

अपि 即使，甚至，连……，尽管……；但是，并且。（在疑问词后见 §121），（在数词以及类似词后＝）所有。

अपूर्ण 未充满的。

अप्रज 无子的。

अप्रतिम 无比的。

अप्रतिषिद्ध（सिध्）不禁止的。

अप्रिय 对于……【属格】不可爱的，不适的。

अप्सरस् f. 天女。

अबल 弱的。

अब्द m. 年。

अभाग्य n. 不幸。

अभाव m. 缺少，无实有。

अभिधा f. 名字。（在多财释尾部）=以……为名的。

अभिनिर्वृत्त 得出……结果。

अभिभाषिन् 对……说话。

अभिमुख【副词】°खम् 向着……，冲着……去。

अभिरूप 适宜的。

अभिहित 见 धा + अभि 。

अभीप्सु 渴求……【业格】。

अभेदक 无差异的，无类别的。

अभ्यास m. 练习，重复。

अभ्र n. 云。

अमर 长生不老；°वत् 天神般地。

अमर्त्य 不死的。

अमात्य m. 大臣。

अमु §120

अमुतस् 从那儿；अमुतःप्रदान 从彼所施。अमुत्र 那儿。

अमृत 不死的；n.甘露。

अमोघ 无过失的；击中的；m. 一柄标枪的专有名。

अय् 1. Ā. + **पला** 逃跑。

अयम् §119。

अयुक्त 不适当的，不对的。

अयोनि 无根由的。

अरक्षितृ 不保护的。

अरण्य n. 森林。

अरत्न 无珠宝的。

अरि m. 敌人。

अर्क m. 太阳。

अर्च् 10. 尊敬。

अर्जित 已得到的。

अर्थ m. 目的；事，事情；钱；利益，好处，从……（具格）中获利；因为……，为了……（业、为、依格）。

अर्थय【名转动词】请求，要求。

अभि-（+ °**अर्थम्**）请求……。

प्र-渴求，请求。

अर्थवत् 富有。

अर्थित 已求得。

अर्थिता f. 请求之状；期望，请求。

अर्थिन् 渴求、贪图……（具格）；有求于人。

अर्दित 受伤的，受了折磨的。

अर्ध 半；n. 半。

अर्पय 见 **ऋ** 。

अर्ह् 1. 值得，可能，应该，可以。

अलक्षित 未被察觉。

अलम् 足够，够了，放弃……（具格）；见 **कृ** 。

अलातचक्र n. 火轮。

अलीक 意想不到的，注定。

अल्प 小，少。

अवकाश m. 空间，余地。

अवट m. 洞。

अवयव m. 肢，分支，一部分。

अवर 后面。

अवश 不情愿，不愿意。

अवश्यम्【副词】一定，肯定。

अवस्था f. 状况。

अवाच् 向下。

अविकल्पम्【副词】无顾虑地。

अविद्वस् 无知的，无学问的。

अविशङ्क 不犹豫的。

अवृत 未受邀请的，未被选中的。

अव्यय 一致的，不变的。

अश् 5. 达到。

अश् 9. 吃。

अशक्त， **अशक्नुवत्** 无能力。

अशक्य 不可能。

अशुचि 不洁。

अशुभ 坏，恶；不适的；n. 恶事。

अशृण्वत् 不听。

अशेष 无余的，完全，全体。

अशोच्य 无可抱怨。

अश्रु n. 眼泪。

अश्व m.马。

अश्विन् m.【双数】一对天神的名字。

अष्टगुण 八倍。

अस् 2. 有，是，存在。

असंतोष m. 不满意。

असंभाव्य 不可实现的。

असती f. 不贞的妇人。

असत्य 不真实，假。

असाध्य 不可实行的，不可达到的；没治，不可救药的。

असार 不值钱的，无价值的。

असि m. 剑。

असु m.【复数】 生命。

असुर m. 阿修罗，魔鬼。

असौ §120

अस्तम्（与 गम् 搭配）下去，下山。

अस्मत्तः वयम् 的从格（§111）

अस्मदीय【形容词】我们的。

अह् 说（§211）。

प्र- 说。

अहन् n.（§100）一天，日。

अहम् §111

अहिच्छत्त्र 一个国家的名称。

अहो 【感叹词】喂，啊，唉，哈。

आ【前置介词】（支配从格）直到，从……起。

आकाश m. 虚空。

आकिंचन्य n. 一贫如洗。

आकुल 充满……的，富足；压抑，忧郁。

आकृति f. 形体，形状。

आख्या f. 名字。

आख्यान n. 故事，传奇。

आगमन n. 来。

आज्य n. 清黄油。

आटोप m. 吹起。

आढ्य 富足的。

आत्मज m. 儿子。

आत्मन् m. 心灵，内部；自我。

आत्मस्वरूप n. 自我的状况，状况。

आदि f. 开始；【依格】首先，先于。（在多财释尾部）以……为始，等等；इत्यादि 如此等等。

आदितस् 首先。

आदित्य m. 太阳；°वत् 犹如太阳。

आद्य 第一个。（在多财释中）＝आदि。

आनन n. 面目。

आनयन n. 引导。

आप् 5. 得到；【愿望动词】ईप्स（§260）渴求，意图；【过分】ईप्सित 所渴望，为……（属格）所爱慕。

अभि-【愿望动词】（意义同上。）

प्र- 达到，获得，到达；【过分】प्राप्त 达到，已到，到达。

आपद् f. 不幸，灾难。

आप्त 合适的，可靠的，熟悉的。

आभरण n. 饰物。

आभ्यन्तर 里面，内部。

आम् 好，对。

आमन्त्रण n. 邀请。

आम्र m. 芒果。

आयत 见 यम् + आ 。

आयुःशेषता f. 余生。

आयुध n. 武器。

आयुष्मत् 健康的，长寿的。

आयुस् n. 生命。

आरण्य 荒野的。

आरम्भ m. 行动（特别指战争的）；着手，事业。

आराधन n. 赢得，争得。

आरोह m. 臀部。

आर्त 受惩罚的，受折磨的。

आर्द्र 湿；软。

आर्य 受尊敬的；m. 尊者，耆宿。

आलाप m. 谈话。

आवृत्त 重新赢得。

आशा f. 希望。

आशु 快，迅速；n.（作为副词）。

आस् 【感叹词】噢，喔唷。

आस् 2. Ā.（史诗中也出现 1. P.）坐，停留，交往。

पर्युप- 环绕，服侍。

आसन n. 座位。

आसन्न 见 सद् + आ 。

आहार m. 饮食。

इ 2.（§152）走，来。

अधि- Ā. 理解；【致使】教授。

अनु- 【过分】在……陪同下，带着……，充满……。

समनु- 【过分】带有，充满。

अभि- 走，来，走来。

समभि- 来。

आ- 去，来……。

अभ्या- 来，拜访。

समभ्या- 同向……去；来。

समा- 【过分】联合，具备……。

उद्- 升起。【过分】उदित 。

उप- 到达；【过分】有天赋的，具备……。

समुप- 走来。

प्र- 死；【过分】प्रेत 已死去。

इक्षुमती f. 一条河的名称。

इच्छ 见 इष् 。

इच्छा f. 希望。

इतर（§116）另一个。

इतस् 由此处；इतस्ततः 这儿那儿，四处；इतश्चेतश्च 这儿和那儿；इतःप्रदान 由此所施予的。

इति 如此，如此这般，说道；（在直接引语之后）。

इदम् §119。

इदानीम् 现在。

इन्दु m.月亮。

इन्द्र m.（众神之王的名称）因陀罗；君主，王。

इन्द्रिय n. 感官，根。

इमम्，इयम् §119。

इयत् 如此多，如此大。

इव enkl. 犹如，与……同，几乎是，相当于。

इष् 4. + प्र【致使】送。

इष् 6.（§143-a）希望，找寻；【过分】इष्ट 所希望的，可爱，允许的。

इषु m. 箭。

इह 这里，此处。

ईक्ष् 1. Ā. 看见。

प्र- 见，细看，搜寻。

प्रति- 等候。

सम्- 看见，看出。

ईदृश，f. °ई，如此这般，此种。

ईप्स 见 आप्。

अभि- 追求。

ईर्【致使】说出；+ उद्（同义）。

ईर्ष्या f. 嫉妒。

ईश m. 主人。

ईश्वर m. 主人，主宰者，自在天。

ईह् 1. Ā. 以……为目的，企盼。

उक्त 见 वच्（§277-a）。

उक्ति f. 话。

उग्र 激烈的，严厉的。

उचित 合适的。

उच्चैस् 高高的。

उत 和，也。

उत्कट 野的，疯的。

उत्कर्ष m. 过量。

उत्तम 最高，最好。

°उत्थ 由……所产生（§302-a）。

उत्था，उत्थित 见 स्था + उद्。

उत्पादयितृ m. 生产者。

उत्पादिन् 所产生的。

उत्सङ्ग m. 怀中。

उत्सव m. 庆典。

उदक n. 水

उदक्या f. 来月经的女子。

उदच् 北方。

उदय m. 升起。

उदर्चिस् 光辉的。

उदात्त m. 高音元音。

उदार 崇高的，尊贵的。

उदित 见 इ + उद्。

उद्देश m. 区，地方。

उद्यम m. 行动，准备，启动。

उद्वाह m. 结婚，婚礼。

उन्मत्त 见 मद् + उद्。

उपगूहन n. 紧密拥抱。

उपचार m. 治疗，医疗。

उपदेश m. 教训。

उपपन्न 见 पद् + उप。

उपमा f. 比喻，比量；（作为多财释末词）像……，可与……比。

उपरि（支配属格或在复合词中）高于，在……之上，超过……；向上，上去；**उपर्युपरि** 高高在……之上。

उपवन n. 树林。

उपाख्यान n. 讲述。

उपाध्याय m. 教师。

उपाय n. 方法，出路。

उभय，f. °**ई**，两者，二者。

उरग m. 蛇，一种与蛇相似的神话动物。

उर्वरित 剩余的。

उर्वशी 优哩婆湿，一个天女的专用名。

उलूक m. 猫头鹰。

ऊर्ध्व 朝上的。

ऊर्व 宽广的；m. 容器，贮水池。

ऊषर m. n. 不毛之地。

ऋ 1.（**ऋच्छ**，§143-a）走进。【致使】**अर्पय** 交出。

सम्-（同上）。

ऋते【后置介词】（支配业格）无，除了。

ऋत्विज् m. 祭司。

ऋषि m. 仙人。

एक，f. °**आ** 一个，唯一的，同一个，（任何）一个。

एकतर （二者中的）一个。

एकदा 曾经，从前。

एकदृष्टि f. 直视。

एकपुत्रक m. 独子。

एकपुत्रता f. 独子之状。

एकरूप 同一形状的，同一种类的。

एकाकिन् 独自，孤独的。

एकार्थ m. 同一目的。

एकैक 每个，°**शस्** 个别。

एतद्（§114）这个，这；**एतदर्थम्** 因此。

एतावत् 如此之多，如此这般。

एनद्（§114）他。

एव（表示强调，突出前面的词）就，才，仅，已经，只有，甚至，正是，更，也。与 **तद्** 搭配，正是这个。

एवंविध 如此这般。

एवम् 这般，这样。

ओजस् n. 强，力量。

ओदन m. n. 粥。

ओषधि f. 草药，（绿色）植物。

औषध n. 药，药草。

क 见 **किम्**。

कक्षा f. 围墙。

कच्चिद् （疑问词）是否。

कञ्चुकिन् m. 内侍，管家。

कट m. 草垫子。

कटक n. 手镯。

कटजक m. 人名。

कण्ठ m. 喉咙，脖子。

कतम 哪一个（§116）。

कतर（二者中）哪一个（§116）。

कथम् 怎样？怎么回事？कथमपि 勉勉强强地，险些；कथंचन 无论怎样，（与 न 连用）无论如何，绝不；कथंचिद् 凑合，勉强地，几乎不，（加 न）根本不。

कथय【名转动词】讲述……（业格）告诉，报告；说。

कथा f. 故事，传说，谈话。

कदा 何时？कदापि 任何时候，曾经；कदाचन 曾经；कदाचिद् 有一次，曾经；或许。

कनक n. 金子。

कनीयस्（§109）年龄稍小的（儿子）。

कन्दर्प m. 爱神的专有名。

कन्यका f. 姑娘，女儿。

कन्या f. 姑娘，处女，女儿。

कपि m. 猴子。

कपोत m. 鸽。

कमण्डलु m. 水罐。

कमल n. 莲花。

कमला f. 吉祥天女的专有名。

कम्बल m. 毯子，披肩。

कर 1. 做……；2. m. 手。

करण n. 做，完成。

करुण 可怜；°णा f. 同情，怜悯。

करेणुका f. 小母象。

कर्ण m. 耳朵。

कर्णय【名转动词】+ आ 听。

कर्तव्य 当做的，应该做的。

कर्तृ 做；m. 制造者，施动者。

कर्पूर m. n. 樟木。

कर्मन् n. 业，事情，行为。

कर्हिचिद् 任何时候，曾经。

कल् 10.（कलय）+ आ 考虑。

कलत्र n. 妻子。

कलह m. 争吵，吵架。

कलि m. 世界的第四期，罪恶的时代，迦利时。

कल्याण，f. °ई，美丽的；善。

कवि m. 诗人。

कश्मीर m.【复数】克什米尔人，克什米尔国。

कस्तूरिका f. 麝香。

कांस्यपात्री f. 铜钵，铜器。

काक m. 乌鸦。

काङ्क्ष् 1. 渴求。

आ- 渴求，争取。

कातर 畏缩，胆小的。

कान्त 亲爱的；m. 情人。

कान्तार m. n. 森林。

कान्ति f. 美，妩媚。

काम m. 愿望，爱情，爱欲；爱神。（作为多财释末词）盼望……。

कामदुह् f.（§18III 注）神牛，如意神牛。

कारक 做，能造。

कारण n. 原因，起因；【从格】由于。

　　यत्का° 见该条。

कार्य 当做的；n. 事情，事；必要性；果。

काल m. 时间，正当时。

कालक्षेप m. 时间的浪费，延误。

कालहार m. 时间的赢得，推迟。

काश् 1. Ā. + प्र 公开，宣布；【致使】暴露。

काष्ठ n. 木块。

काष्ठकूट m. 啄木鸟。

किम् 1)【疑问词语干】(§115) 谁？किम्（加具格）要……干吗？这有何用？干什么用？कस्मात् 为什么？ 2)（+ अपि，चन，चिद्）(任何）一个，某人，某些，某个；n. 一些；न कश्चिद् 绝无任何（人）。3) किम्（疑问词）什么，为什么？4) किं तु 但是，不过。5) किं वा 或许？

किमर्थम् 为什么？

कियन्मात्र 微少的，微不足道的。

किरात m. 一个野蛮部落的名称。

किरीट n. 王冠。

किल 当真，如人云。

कीटिका f. 虫。

कीर्ति f. 名声，荣耀。

कीर्तय【名转动词】+ सम् 宣布。

कील m. 楔子。

कीला f. 胳膊肘。

कुक्कुट m. 鸡。

कुञ्जर m. 大象。

कुण्डल n. 耳环。

कुण्डिका f. 罐子，碗，盘。

कुतस् 从何处？为什么？

कुतूहल n. 好奇心，兴趣，热情。

कुन्त m. 矛。

कुप् 4. 生气（与属格搭配）。

　　प्र- 发怒。

कुमार m. 男孩，王子。

कुम्भ m., f. °ई，水罐。

कुल n. 家族，家庭。

कुशल n. 安好。

कुशलिन् 健康的。

कुस्त्री f. 坏女人。

कूटस्थ 位于尖端的；不变的。

कूप m. 井。

कूल n. 岸。

कृ 8.（§182）做，行动，执行，处理，使用；接受，拿；使成为。【致使】使做。【愿望动词】(§259) 想要做。

　　अलम्-，समलम्-，装饰。

　　परिष्कृ（§302-b）安装，装饰。

　　प्र- 做，始作。

कृच्छ्र n. 困难；【具格】困难地，费劲地。

कृत् 6.（§143-f）把……切开，剪开。

कृतकार्य 已达目的，所做已办（§320-a）。

कृतयुग n. 世界的第一期，黄金时代，圆满时。

कृतान्त n. 死神。

कृते 【后置介词】（支配属格）因为……的缘故。

°कृत्वस् ……次（§128）。

कृत्स्न，f. °आ，完全。

कृपण 悲惨；n. 悲惨，不幸。

कृश 瘦，苗条。

कृष् 1.（+ आ）拽过来。

कॄ 6. 撒开，散开。

क्लृप् 1. Ā. 适合于。

उप- 【致使】准备，呈上（食物）。

वि- Ā. 怀疑，犹豫。

कोप m. 愤怒。

कोविद 熟练。

कोश m. 宝藏，财产。

कौण्डिन्य m. 人名。

कौन्तेय m. Kuntī 的儿子（阿周那）。

कौरव्य m. 俱卢族的后代。

कौलिक m. 纺织工。

कौस्तुभ m. 毗湿奴神的胸前宝石。

क्रतु m. 意志；供施。

क्रम् 1.（§143-b）迈步；【过分】क्रान्त。【加强式】（§263）跑来跑去。

अति- 过去，流逝。

समति- 超越；【过分】已超越。

आ- 侵占，占领。

उद्- 上升。

उप- 准备，开始。

निस्- 走出去。

प्र- 准备。

क्रिया f. 业，动作；祭祀事（对死者的祭祀）。

क्री 9. 买；वि- 卖。

क्रीड् 1. 玩，运动。

क्रुध् 4. 发怒；【过分】क्रुद्ध 愤怒的。

क्लेश m. 疼痛，痛苦。

क्व 哪里？（+ अपि，चिद्）某处，任何地方。

क्षण m. 刹那，瞬间，一念；【具格】一念间。（तत्क्षणम्，तत्क्षणात्）瞬间，刹那。

क्षत्रिय m. 刹帝利（第二种姓）。

क्षम् 1. 原谅。

क्षमा f. 忍耐，耐心。

क्षय m. 尽，消失。

क्षार 咸的。

क्षि 1. 摧毁。

अप- 下降，消逝。

क्षिति f. 大地。

क्षिप् 6. 投掷。

आ- 使暗淡。

समुद्- 举起。

प्र- 收藏起来，掩蔽。

वि- 到处扔，驱散。

सम्- 毁灭。

क्षिप्र 快；【副词】क्षिप्रम् 迅速。

क्षीरसमुद्र m. 乳海。

क्षीराब्धि m. 乳海。

क्षु 2. 打喷嚏；【过分】n. 喷嚏。

क्षेत्र n. 田地。

ख n. 天；空气。

खग ， **खगम** m. 鸟。

खट्वा f. 床。

खड्ग m. 剑。

खण्ड् 10. 弄成碎块，损害；【过分】**खण्डित** 已受伤，失望的，受到伤害；n. 伤，伤口。

खण्डन n. 伤害。

खण्डिकोपाध्याय m. 一种类型的老师，“抠书本者”。

खदिर m. 檐木。

खन् 1. P. 挖。

खर m. 驴。

खलु 的确，确实。**न खलु** 的确不，完全不。

खादितृ m. 食者，狼吞虎咽者。

खुर m. 蹄。

ख्या 2. 称作，叫做。

　आ- 讲述，报告，列举，透露。

　प्रत्या- 谢绝。

॰ग（§314-c）处于……。

गगन ， **गगण** n. 天；空气。

गच्छ 见 **गम्**（§143-a）。

गज m. 大象。

गण m. 群，随从。

गत【过分】（词根 **गम्**）已走，已到达……【业格】；已过去，已消失；处于……；**एवं गते**（§60）。

गतायुस्（§320-a）死。

गति f. 步态；到达；目的。

गदा f. 棍棒。

गद्य n. 散文。

गन्ता 词根 **गम्** 的迂回将来时形式（§§234，55-b）。

गन्ध m. 香气。

गन्धर्व m. 一类半神的专用名，乾达婆。

गम् 1.（§143-a）走，往，陷入……【业格】来；过去，赴，落到（依格）。【致使】（§254）带来。【被动态】可以理解为……。

　अभि- 来，往。

　आ- 来，往。

　अभ्या- 前来。

　समुपा- 来集。

　समा- 聚集，【过分】**समागत** 聚集起来的，联合起来的。

　उप- 走上前去，往。

　निस्- 出去。

　विप्र- 走开，散开。

　प्रति- 归来。

　वि- 走开，消失。

गम्य 可接近的，暴露的（与具格搭配）。

गरीयस्（属 **गुरु**，§109）更重，更重要。

गरुड m. 毗湿奴的坐骑，金翅鸟。

गरुत्मत् m. 鸟；金翅鸟。

गर्ग m. 人名。

गर्त m.，°आ f. 坑。

गर्दभ m. 驴。

गव（作为复合词的前词）＝ गो。

गा 3. 去，来。＋अधि 学习，背诵。

गात्र n. 肢体。

गान्धर्व 乾达婆的；（与विवाह 连用）＝ 乾达婆婚 ＝ 自由恋爱结婚。

गान्धारी f. 人名。

गार्ग्यायन Garga的后代。

गाह् 1. Ā. 沉入，陷入；【过分】गाढ；【副词】结实地，激烈地。

गिर् f. 语，语言，声音。

गिरि m. 山。

गुण m. 品德，利益，美德。

गुणवत् 有德的，有益的。

गुणिन् 具有美德的。

गुप्त 隐藏的，秘密的。

गुरु 重；m. 教师。

गुह् 1.（§143-b）隐藏；【过分】गूढ（§51-a）。

गूढसेन 人名。

गृह्（§189-a）见 ग्रह्。

गृह m. n. 家。

गेय n. 歌。

गेह n. 房子。

गै 1. 唱。

गो m.f.（§79）公牛，奶牛。

गोप m. 放牛人。

ग्रस् 1. 吞咽。

ग्रह् 9.（186-b，187-a）攫取，抓，捉住；拿，获入……的控制中，赢得。弄到手。

नि- 惩罚，处决；压制。

ग्रह m. 行星，魔鬼。

ग्राम m. 村落，群，阶级。

ग्राम्य 和村庄有关的。

ग्राह्य 应得到认可的。

ग्लै 1. 厌恶。

घट् 【致使】（§254）做成。

घट m. 罐。

घटिका f. 水罐。

घर्म m. 炎热。

घृत m. 清黄油。

घोष m. 喧噪。

घ्रा 1.（§143-h）2. 嗅。

आ- 嗅。

च enkl. 和，与（有时未必是enkl.）。（经常加 एव表示加强。）च …… च，既……，也……。

चकास् 2. 发光。

चक्र n. 轮；圆盘；°वत् 车轮般。

चक्ष् 2. Ā. 说，谈论。

आ- 解释，称作。

चक्षुस् n. 眼睛。

चञ्चु f. 鸟嘴，喙。

चट् 1. 落到。

चटक m.，°**आ** f.，雀。

चण्डाल m. 低种姓，旃陀罗。

चतुःशाल 四间屋的。

चतुर् （§124）四。

चतुर 舒适。

चतुर्गुण 四倍。

चतुर्थ, f. °**ई**，第四。

चन §121。

चन्द्र m. 月亮。

चन्द्रार्क m.【双数】（§309-1）月亮和太阳。

चपल 轻率的，不理智的。

चपेटा f. 耳光，巴掌。

चम् 1.（§143-b）（+ **आ**）（出声地）吃，喝。

चर् 1. 走。

  अति- 错过。

  अभि- 对……不忠实。

  आ- 对待，做。

  उप- 对待，处理。

  प्र- 流传。

  वि- 遍游。【致使】考虑。

चर्मन् n. 皮。

चल् 1. 行动，走开，动，躲开。【致使】动，移动。

चल 不安定的，易变的。

चलन n. 摇动。

चाप m.弓。

चारण m. 巡回艺人，民谣歌手。

चारु 可爱的。

चि 5. 堆积。

  निस्- 确定，决定。

चिकित्सक m. 医生。

चिकीर्ष **कृ** 的愿望动词。

चित् 1. 感知，观察；愿望动词（§260）**चिकित्स** 照料，治愈。

चित्त n. 思想，识，心，性情。

चित्र 花的，五颜六色的。

चिद् §121。

चिन्त् 10. 想，思考，考虑，想起。

  अनु- 思念，想起。

  वि- 考虑，思索。

  सम्- 考虑，想。

चिन्ता f. 思想，忧虑，计划。

चिर 长（时间上）。【从格】很久以后。

चिरकाल m. 长时间。

चिह्न n. 标识，属性。

चिह्नित 有记号的，可辩认的。

चुम्बन n. 接吻。

चुर् 10. 偷。

चेतना f. 觉悟，精神。

चेद् 如果；**नो चेद्** 如果不，则……。

चौर m.小偷。

छद् 掩藏；【过分】**छन्न**。

  प्र- 掩藏；【过分】秘密的。

छात्त्र m. 学生。

छाया f. 阴影。

छिद्र n. 洞。

°ज（§314-c）从……而生的。

जक्ष् 2. 吃。

जगत् n. 世界。

जग्ध（§277-i）已被吃。

जङ्घा f. 小腿。

जटिन् 有苦行僧发式的。

जन् 1. 生产，产生。

जन् 4.（§143-d）Ā. 出生，成为。【过分】जात 已出生的，已发生的，已存在的。

प्र- 发生。

सम्- 产生，成为。

जन m. 人，个人；人民，众人，人员。

जननी f. 母亲。

जन्मन् n. 出生。

जय m. 胜利。

जरा f. 老年。

जर्जर 打碎的；°रीकृ（§303）打得血淋淋。

जर्जरित 裂开的，受伤的。

जल n. 水。

जलचारिन् 住在水里的。

जलाशय m. 池塘。

जलौकस् f. 水蛭。

जल्प् 1. 讲话。

जागृ 2.（§§148-a，264）醒。

जात 见 जन्。

जातरूप n. 金。

जाति f. 出生。

जातु 有一次，一天。

जानु n. 膝。

जामातृ m. 女婿。

जाय 见 §143-d（जन्）。

जाया f. 妻。

जार m. 情人，花花公子。

जाह्नवी f. 恒河的名字。

जि 1. 胜利，战胜，克服。

निस्- 征服，赢得。

जितेन्द्रिय 能够控制感官的。

जीर्ण 见 जॄ。

जीव् 1. 生活。

उप- 以……为生。

जीवित n. 生活。

जुहाव ह्वे（§207）的完成时。

जॄ 4.（§141）变老；【过分】जीर्ण 老。

°ज्ञ（§314-b）了解的，熟习的。

ज्ञा 9.（§186-c）知道，了解，认出，认识，弄明白（支配业格，有时属格）。

अभि- 认出。

आ-【致使】命令。

प्रति- 许诺，答应。

वि- 认出，获知，知道，认识，得知。【致使】（§255）使某人知道。

ज्ञान n. 知识。

ज्येष्ठ（§109）m. 大（儿子）。

ज्योतिस् n. 光。

झटिति 马上，立即。

डम्ब् 10. + वि 嘲弄。

डी 4. Ā. + उद् 飞上去。

त 见 तद्。

तक्र n. 脱脂牛奶。

तक्षन् m. 木匠。

तट m. 斜坡，边。

तड् 10. 打，击。

ततस् 由此，从那儿；那儿；之后，然后，所以；由此。

तत्र 那儿，在那里，在彼处；在这里。तत्र तत्र 到处。

तथा 如此，同样；亦是，亦尔，且；正是！好！对！

तथापि 也如此，尽管。तथैव 同样。

तथारूप 有如此体形的。

तथाविध 此类的。

तद् 代词语干（114)，这，他；तत्तद् 这一切；【副词】तद् 于是，所以，因此；तेन 因此；तस्मात् 因此，所以。तदपि 尽管。

तदवस्थ 处于此（状况）下的。

तदा 然后，这时；तदैव 同时，立刻。

तद्वत् 同样。

तन् 8. 拉伸。

तनय m. 儿子。

तनु 瘦，苗条。

तप् 1. 烧，烫。

तपस् n. 禁欲苦行，苦行。

तपस्य【名转动词】苦行。

तपस्विन्, f. °ई 苦行者；虔诚。

तम् 4.（§143-c）僵化。

तमस् n. 黑暗。

तमाल m. 一种树的名字。

तरु m. 树。

तरुण 年轻的，f. °ई 年轻女子。

तर्क् 10. 考虑，思索。

तर्हि 然后，在此情况下。

तल m. n. 平面，底，地面。

तात m. 父亲。

तादृश 如此这般的。

तापस m. 苦行者。

तावत् 如此大。【副词】 如此长，这时；首先，即刻；正是，仅。

तिथि m. 月历的日。

तिर्यच् 水平。

तिलशस् 【副词】芝麻粒般，糊状。

तिष्ठ 见 स्था。

तीर n. 岸。

तीर्ण 见 तॄ。

तीव्र 尖锐的。

तु【虚词】；但是，正相反。

तुद् 6. 打，敲，击。

प्र-（坠落时）撞击。

तुल्य 同等于……，犹如（支配具格）。

तुष् 4. 满意;【过分】 तुष्ट 满意。【致使】 使满意。

तुष्टि f. 心满意足。तुष्टिं वि-धा 满足于……【具格】。

तृण n. 草，草杆，干草。

तृतीय，f. °आ，第三。

तृप् 4. 满意，满足;【致使】使满足。

तृप्त 饱了，饱。

तृषा f. 渴。

तॄ 1. 渡过；免于……（业格);【过分】तीर्ण 。

अव-下来，降下。

उद् - 出现，(与从格搭配）挣脱出来。

निस्-（与从格搭配）挣脱出来。

ते §§111、114。

तेजस् n. 火，光芒，耀眼的现象；力量，权势。

तोरण n. 门拱。

त्यज् 1. 离开，丢开，放弃，牺牲。

परि- 离开，丢开。

त्याग m. 舍弃，慷慨。

त्यागवत् 大方的。

त्रपा f. 羞愧。

त्रा 2. = त्रै 1. Ā. 保护，救。

त्रि（§124）三。

त्रिदश m.【复数】30天 = 众天神。

त्रिर् 【副词】三次。

त्रेता f. （世界的）三分时。

त्रैलोक्य n. 三界。

त्वच् f. 皮肤。

त्वद्，त्वम् §111。

त्वर् 1. Ā. 急忙;【过分】 त्वरित 迅速。

दंपति【双数】°ती 男人和女人，夫妻。

दंश् 1.（§143-g）咬。

दंश m. 咬，叮；咬人的飞虫。

दक्षिण 右边的；南方的。

दक्षिणा f. 祭品。

दग्ध 见 दह् 。

दण्ड m. 棍棒，惩罚。

दण्डिन् m. 持棒人，守门人。

दण्ड्य 应受罚的。

दधि n. 酸奶。

दन्तधावन n. 刷牙用具（一种木料)，杨枝。

दम् 4. 驯服，征服。

दम， दमन m. 人名。

दमयन्ती f.人名。

दम्भ m. 欺骗。

दम्भिन् m.诈骗者。

दम्य m. 小公牛。

दयित 亲爱的。

दरिद्र 穷。

दरिद्रा 2. 贫穷。

दर्दुर m. 青蛙。

दर्भ m. 一种草。

दर्शन n. 看，观，视野；外观。

°दर्शिन् 看着……。

दश 见 दंश्。

दशन् 十。

दशा f. 人的命运。

दस्यु m. 野蛮人，匪徒。

दह् 1. 烧，烧毁。

दा 3.（§170）给予，提供，供奉；移置，放置；【过分】दत्त（§277-i）

आ- Ā. 接受。

उपा- 攫取，收下。

दातृ m. 给予；给予者。

दान n. 施舍。

दानव m. 一种魔鬼的名称。

दान्त m. 人名。

दार m.【复数】妻；与 कृ 搭配，结婚。

दारक m. 儿子。

दारिद्र्य n. 贫穷。

दारु n. 木。

दारुण 硬的，可怕的。

दारुमय 由木所造，木制的。

दास m. 奴隶；f. °ई 奴婢。

दिदृक्षु 想要见。

दिन n. 天，白天。

दिव् 4.（§141）游戏，玩。

दिव् f.（§105）天。

दिवस m. 日子，白天。

दिवा 在白天。

दिवौकस् m. 天上的居民。

दिव्य 天上的。

दिश् 6. 指示。

आ- 指示，说，命令。

उप- 安排；指示。

प्र- 指，示。

व्यप- 标明，认为。

दिश् f. 方位。

दिष्ट n. 命运。

दिष्ट्या【具格】感谢上天！天神保佑！

दीन 悲惨的，忧伤的，畏缩的。

दीप् 4. 放光。【加强式】（§263）大放光彩。

दीर्घ 长的。

दुःख m. 痛，痛苦，苦恼。

दुःखित 忧郁的，不幸的。

दुःस्पर्श 难触动的。

दुरतिक्रम 难以越过的。

दुरात्मन् 坏；m. 恶。

दुर्ग्राह्य 难抓住的。

दुर्बल 弱。

दुर्भिक्ष n.饥荒。

दुर्मदिन् m. 酒鬼。

दुर्लभ 难得到的，稀有的。

दुष्कर 难完成的。

दुष्कृत n. 恶行，罪。

दुष्ट 恶。

दुष्ठु 坏。

दुस्त्यज 难舍弃的。

दुह् 2. 挤奶。

दुहितृ f. 女儿。

दूत m. 使者。

दूर 远的；n. 远方。

दृप्त 放肆，狂妄的。

दृश्（144）看，看见，【过分】दृष्ट。【致使】给某人（属格）示某物（业格）。

　परि- 看见。

दृश्य 值得看的，应受到尊敬的。

दृष्टपूर्व（318）从前曾见过的。

दृष्टि f. 见，一瞥，眼。

दृ + वि【致使】撕碎，抓破，割开。

देव m. 天神；王；देवी f. 女神；女王，王后。

देवता f. 天神，神性；神像。

देवताभक्त 对神虔诚的。

देवतायतन n. 庙宇。

देवदत्त m. 人名。

देवपति m. 诸神之主 ＝ 因陀罗。

देवयजन n. 供养天神的场所。

देश m. 地点，地方，国土，家乡。

देह m.身体。

दैत्य m. 某种魔鬼的名字。

दैव n. 命运。

दैवत n. 天神，神性。

दोष m. 错误，损害，罪。

दोहन n. 挤牛奶。

दौत्य n. 使者之业，使者之职。

द्युत् 1. Ā. + वि 闪电。

द्रव्य n. 物质，东西。

द्रु 1. 跑。

　अनु- 跟着跑。

　समुप- 向……疾奔过去。

द्रुत 快速的，°म् 【副词】。

द्रुह् 4. 迫害。

द्रोण m.（重量单位）斛，一斛。

द्रोह m. 卑鄙，下贱。

द्व 见 द्वि。

द्वय n. 一对。

द्वाःस्थ m. 看门人。

द्वादश 第十二。

द्वादशन् 十二。

द्वापर m. （世界的）二分时。

द्वार n. 门。

द्वि（§124）二。

द्विगुण 二倍。

द्विज 再生的。

द्विजाति m. 婆罗门。

द्वितीय, f. °आ, 第二;（作为多财释末词）由……陪伴的。

द्विधा【副词】二倍，一分为二。

द्विर्बद्ध 已被捆绑两道的。

द्विष् 2. 仇恨。

द्विष् m. 敌人。

धन n. 钱，财富，宝藏。

धनवत् 有钱的；m. 富人。

धनिन् 拥有财富的，富裕的。

धनुस् m. 弓。

धन्य 幸福的。

धन्विन् m. 弓箭手。

°धर 背负……，具备……。

धर्म m. 法，道，规则；德操，虔诚。

धर्मात्मन् 正义的。

धा 3.（§170）放置，放；Ā. 取得；【过分】

हित（见该条）。

अभि- 说，对……说。

समा- Ā. 复原，恢复；【过分】समाहित（见该条）。

उप- 拿到，拾起。

नि- 放置。

पि-（= अपि）遮盖，裹上，封闭；【过分】पिहित。

वि- 做，完成，引起；决定。

सम्- 给某人（属格）加上……。

धात्री f. 乳母。

धान्य n. 谷物。

धारण n. 背负，持有，放置。

धारा f. 刃。

धाव् 1. 跑。

समुप- 向……跑去。

धिक् 呸！……（业格）可耻！该死的！

धी f. 思想。

धीमत् 聪明的。

धू 5. 震动。

धूर्त 欺骗；m. 骗子。

धृ 1., 6., 10. 持住；忍受；持续。

अव- 听，认识，学习。

धृति f. 坚固，静止。

धृष् 【致使】降伏。

धेनु f. 奶牛。

धैर्य n. 坚固，尊严。

ध्यान n. 思虑，想，禅定。

ध्रु 1., 6. 使固定，使静止，杀死。

ध्रुव 坚定的，肯定的；°म् 【副词】一定。

ध्वाङ्क्ष m.乌鸦。

न 不；नैव 绝不，决不。

नक्तम् 夜里。

नक्र m. 鳄鱼。

नख m. n. 手指甲。

नगर n.，नगरी f. 城。

नचिरात् 一会儿，不久。

नट m. 演员。

नद्【致使】使发音。

नदी f. 河。

ननु 莫非；ननु च 难道不是吗？

नन्द् 1. + अभि 喜欢……。

नन्द m. 黑天神的养父。

नप्तृ m. 孙子。

नभस् n. 天。

नम् 1. 鞠躬，敬礼。

विपरि- 变化。

नमस् n. 敬礼；加 कृ §§300，301-b

नय m. 意图，计划。

नयन n. 眼睛。

नर m. 男人，人。

नरक m. 地狱。

नरेश्वर m. 统治者，国王。

नर्तक m. 舞蹈者。

नल m.一个国王的名字。

नव 新的。

नश् 4. 丢失，消失；【过分】नष्ट 。

विं- 消失。

नस् §111。

नह् 4. 捆，绑。

नाग m. 大象。

नागदन्त m. 象牙（作为墙钉）。

नाथ m. 保护者，主人。

नाना【副词】不同，形形色色。

नानाप्रकार 种类各异的。

नाभानेदिष्ठ m. 人名。

नामन् n. 名字，称号；नाम कृ 起名。नाम【副词】叫做；即，确实。

नारद m. 人名。

नारायण m.＝ 毗湿奴。

नारी f. 女人。

नाश m. 没落，损失。

नाशिन् 衰败的。

निःश्वास m. 叹息。

निकष m. 试金石。

निज，f. °आ，自己的，他的。

नित्य 恒久的；°म् 【副词】永远。

निद्रा f. 睡觉。

निधन n. 死亡。

निधान n. 宝藏。

निन्द् 1. 斥责。

निन्दा f. 斥责。

निभृत 隐蔽的。

निमेष m. 眨眼。

नियम m. 限制。

नियोज्य 应被指定的，应被任用的。

निरन्तक 无尽头的。

निरपाय 无危险的。

निरर्थक 无用的，无目的。

निरीश्वर 无（控制自己的）主人。

निर्गुण 无美德的。

निर्घात m. 旋风，雷，霹雳。

निर्दोष 无过错的。

निर्विचार 无决断的。

निर्विशेष 无差别的。

निर्विष 无毒的。

निर्वृति f. 满意，幸福。

निर्वृत्ति f. 不文雅，不规矩。

निर्वेश m. 报酬。

निलय m. 窝。

निवासक m. 住所。

निवृत्ति f. 消失，停止。

निवेशन n. 住所。

निश् f.，**निशा** f. 夜。

निशीथ m.子夜。

निश्चय m. 决定；**°यमं कृ** 决心做……（依格）。

निषध m. 【复数】一个民族和王国的专有名词。

निष्कान्तरीभूत 已走出荒野的。

निसर्ग m. 自然，天性。

निस्तेजस् 无力量的，无势力的。

नी 1. 引导，带领，带走，取；带去。

　आ- 领到跟前，带来。

　परि- 结婚。

　प्र-（§301-a）执行；相信，信任。

नीच 下贱的，卑鄙的。

नीचैस् 【副词】往下；低声。

नीर n. 水。

नु 大概，正是。

नूनम् 一定，肯定。

नृ m.（§78）男人，人。

नृप，**नृपति** m. 国王。

नृशंस 残酷的。

नेत्र n. 眼睛。

नैषध m. 尼舍陀的国王（那罗）。

नो 不；**नो चेद्** 如果不，则……。

नौ f. 船。

न्यग्रोध m. 印度无花果树。

पक्षिन् m. 鸟。

पच् 1. 煮，烤，使熟。

पञ्चत्व n. 死。

पञ्चन् （§125）五。

पञ्चम 第五。

पठ् 1. 朗读，诵读。

पण्डित 有学问的，聪明，智慧；m. 学者，班智达。

पत् 1. 掉下，倒，摔倒。【过分】**पतित** 已跌倒；失去地位的。

　उद्- 飞起，飞去。

　समुद्- 飞起来，跳起来。

　नि- 飞下来。【致使】干掉。

　संनि- 【致使】聚集。

　वि- 四散飞去。

पति m.（§67）主人，丈夫。

पतित्व n. 丈夫的身份。

पथ् m.（§101）路。

पथ（§308）= **पथ्**

पथ्य 有疗效的。

पद् 4. Ā. 走；【过分】**पन्न**（§279-c）

　आ- 前往，赴，陷入。【致使】使置于。

　व्या- 【致使】害死，杀死。

　उद्- 产生，发生。【致使】 使产生。

　उप- 击中；【过分】**उपपन्न** 有天赋的。

　प्रति- 答应，同意；返回。

　सम्- 成功，分享；【过分】**संपन्न** 完全具备，有……天赋。

पद m. 脚。

पदस्थ 地位高的。

पद्म n. 莲花。

पद्मिनी f. 莲花池。

पन्न 见 **पद्**。

पर 1）更高，最高，最大，最好，最外边的。2）他人，陌生的，敌人。3）n. 至高点；（作为多财释末词（§320-b））完全投身于……，充满……，着迷于……。4）**परम्**【副词】继而，然而，但是。**परं किं तु** 然而；【副词】**ततः परम्** 此后。

परम 最高的，最好的，杰出的；n. 极限；（作为多财释末词）＝ **पर** 3）。°**म्**【副词】非常。

परस्परम्【副词】互相，彼此。

पराक्रम m. 英勇，勇敢。

पराभव m. 轻蔑，侮辱。

परार्थम्，°**र्थे** 为他人。

परिकर m. 随从，陪同。

परितुष्ट 满意的。

परिदेवित n. 诉苦。

परिमल m. 香气，芳香物。

परिव्राज् m. 流浪的苦行者。

परिश्रम m. 努力。

परिष्कृत 见 **कृ** + **परि**。

परीवाद m. 诽谤。

पर्जन्य m. 雨云。

पर्वत m. 山；人名。

पलाय 见**अय्**。

पल्लीपुर n. 茅屋镇，一个野蛮部族的村落。

पवित्र n. 滤网。

पश् 4.（§144）看，结识，看到。

पशु m. 牲畜，动物。

पश्चात् 之后。

पा 1.（§143-h）喝。

पाक m. 烧，煮。

पाणि m. 手。

पाण्डव m. 般度的儿子。

पाण्डु 苍白的；人名。

पाण्डुर 白的。°**ता** f. 白。

पात m. 倒塌。

पातक m. n. 罪恶。

पाद m. 脚。

पादप m. 树。

पान n. 饮（含酒精的饮品）。

पान्थ m. 旅行者。

पाप，f . °**आ**，邪恶的；m. 邪恶的人；n. 恶业。

पापक 邪恶的；n. 恶业。

पापात्मन् m. 恶人。

पाप्मन् m. 邪恶。

पायस n. 煮好的牛奶米饭。

पारतन्त्र्य n. 对他人的依赖。

पार्थिव m. 王侯，国王。

पार्श्व m. 侧面；【业、依格】向……去，朝……。

पाल् 10. 保护。

पाल m. 保护者。

पाश m. 束缚，索套。

पिण्ड m. 球，团，块。

पितामह m. 祖父。

पितृ m. 父亲；【复数】祖宗。

पिपीलिका f. 蚂蚁。

पिशाचिका f. 女魔鬼，毕舍遮。

पिष् 7. 粉碎。

पिहित 见 धा + पि。

पीड् 10. 逼迫，虐待。

पुंस् m.（§103）男人。

पुट m. n. 皱褶，空间。

पुण्य 有利的，幸福的，神圣的。

पुण्यश्लोक m. 那罗的别名。

पुत्र m. 儿子；f. °ई女儿。

पुत्रक m. 小儿子。

पुनर् 再次；相反，但是。पुनः पुनः一再。

पुमान् 见 पुंस्。

पुर n. 城市。

पुरतस् 【副词】前面，在前面。

पुरंदर m. 城堡的摧毁者（因陀罗的别名）。

पुरस् 在……（属格）之前。

पुरा 从前。

पुराश्रुति f. 古老的教义。

पुरी f. 城市。

पुरुष m. 男人，人。

पुरोगम 走在前面的，引导者。

पुरोहित m.（特殊的）祭司。

पुलक m. 竖立起来的汗毛，惊喜征兆。

पुष्कर n. 象鼻顶端；蓝色莲花。

पुष्करावती f. 一座城市的名字。

पुष्ट 丰满的，胖敦敦的；富。

पुष्प n. 花。

पुस्तक n. 手稿，书。

पूज् 10. 礼敬，供养；+ अभि（意义不变）。

पूजा f. 礼敬，供养。

पूज्य 应受供养的。

पूर m. 激流，洪水。

पूर्ण 见 पॄ。

पूर्व（§118）前面，前者；东边。（作为多财释末词）以……为前提的，以……为基础的，在……之下。पूर्वम् 【副词】从前，以前，首先。

पृथिवी f. 大地。

पृथिवीक्षित् m. 王侯，国王。

पृथिवीपति，°पाल m.（同上条）。

पृष्ट（प्रच्छ् 的过去被动分词）。

पृष्ठ n. 背部；【依格，°तस्】在……（属格）之后。

पृष्ठदेश m. 后面。

पॄ 9. 充满；【过分】पूर्ण（§279-a）。

परि-【过分】 填满。【致使】（§256）填满。

पेय n. 饮料。

पोष m. 繁荣。

पोषित（पुष् 的致使形式的过去时分词）已被养育的。

पौरव 普鲁族的。

पौरुष n. 丈夫气，男子气。

प्यै 1. Ā. （+आ）肿大，膨胀。

प्रकृति f. 自然，原始状态；【具格】天生。

प्रकोप m. 愤怒。

प्रघट्टित 已被驱向前的。

प्रचलन n. 摇晃。

प्रचुर 多，众多的。

प्रच्छ् 6.（§143-e）问；【过分】 पृष्ट 。

परि- 问，询问。

प्रच्छन्न 见 छद् + प्र。

प्रजा f. 后代；生物；臣民。

प्रणय m. 爱情，信任。

प्रणयिन् 亲爱的，亲爱者。

प्रति【前置介词】（支配业格）向……去，往……；关系到……，为了，因为。

प्रतिकील m. 反作用的楔子。

प्रतिकूल （与属格搭配），与……相违背的，不顺从的。

प्रतिक्रिया f. 补救，弥补，于……（属格）的出路。

प्रतिक्षणम् 【副词】每时每刻。

प्रतिदिशम् 【副词】在每个方向。

प्रतिदेशम् 【副词】在每个国家。

प्रतिषिद्ध 被阻碍的，忽略的。

प्रतिषेध m. 禁止。

प्रतीकार m. 对策，保护办法，帮助。

प्रत्यक्ष 明确的；°क्षम् 在眼前；°क्षे 当场。

प्रत्यक्षता f. 公开；【具格】公开地。

प्रत्यङ्गम् 【副词】每一肢体。

प्रत्यच् 西方的。

प्रत्यय m. 信任；缘，词缀。

प्रत्युपकार m. 报复，报答。

प्रत्यूष m. n. 拂晓。

प्रथम，f. °आ，第一。

प्रदान n. 给，施舍。

प्रधान 最优秀的，最好的。

प्रफुल्ल 盛开的。

प्रभा f. 光芒。

प्रभात n. 拂晓。

प्रभाव m. 力量。

प्रभु m. 主人（与属格搭配）。

प्रभूत 多，众多的。

प्रभृति【介词】（支配从格）从……起。

प्रमदावन n. 闺园，快乐园。

प्रमाण n. 准绳，权威，决断。देवः प्र° 国王有权决断。

प्रयत्न m. 积极，努力。

प्रयोजन n. 企图。

प्रलय m. 死。

प्रलाप m. 诉苦。

प्रवाल m. n. 嫩叶，嫩芽。

प्रवृत्ति f. 前进，进步。

प्रवेश m. 进入，入内。

प्रसक्त 挂在……上，附着于……。

प्रसङ्ग m. 倾向，嗜好；反诘，归谬。

प्रसन्न 见 सद् + प्र。

प्रसर m. 进入。

प्रसव m. 诞生。

प्रसाद m. 恩典，恩宠，恩惠。

प्रसूति f. 孩子。

प्रहार m. 打，击，射，伤。

प्राकार m. 壁垒，防御工事。

प्रागङ्गम् = प्राग्गङ्गम् 【副词】恒河之东。

प्राग्जन्मन् n. 前生。

प्राग्वत् 像从前一样。

प्राङ्मुख 面向东。

प्राच् 东方的。

प्राञ्जलि 伸出合掌（谦卑的表现）。

प्राण m. 呼息，气息；【复数】生命。

प्राणिन् m. 有生命的物质。

प्रातर् 明天早晨，第二天早上。

प्रान्त m. n. 尖端，最高部分。

प्राप्त 见 आप् + प्र。

प्राप्तकाल m. 到来的时刻，适当的时间。

प्राप्तवयस्क（§322），f. °आ，达到妙龄的。

प्रायस् 【副词】大多，一般。

प्रायेण 同上条。

प्रासाद m. 宫殿。

प्रिय 可爱的，令……（属格）愉快的，友好的；喜爱；n. 可爱之物，喜爱的事。

प्रीणित 感到高兴的。

प्रीत 高兴，愉快。

प्रेत 见 इ + प्र。

प्रेमन् n. 爱慕，友谊。

प्लु【致使】浇，洗澡。

समा- 泛滥。

फटा f. 蛇皮。

फणाधर m. 蛇。

फल n. 果，成果。

फूत् （+कृ）吹气，吹。

बत 呜乎！

बन्ध् 9.（§186-c）绑，捆住，系上；扣上，接合；【过分】बद्ध。

बन्धकी f. 轻浮的女人。

बन्धु m. 亲戚，同志，朋友。

बल n. 力量，强力，权力；军队。

बलवत् 强壮的，有力的。°तर（§108）。

बलिन् 强壮的，有力的。

बलीयस् （§109）更强的，更有力的。

बलीवर्द m. 公牛。

बहिस् 【副词】出去。

बहु 许多。

बहुधा 多倍的，多重的。

बहुल 众多。

बान्धव m. 亲戚，朋友。

बाल m.小孩；愚者；f. ° आ 姑娘。

बालक m. 男孩，小孩。

बाल्य n. 童年。

बाष्प m. 眼泪。

बाहु m. 胳膊。

बिल＝विल n. 洞。

बीज n. 种子。

बुद्धि f. 觉悟，理智，悟性；决心。

बुद्धिमत् 明智的，聪明的。比较级 °तर。

बुद्बुद m. 水泡。

बुध् 1. 认出，领悟，注意……。【致使】警告，劝说，使觉醒，提醒。

नि- 领悟。

प्र-【致使】劝说某人。

सम्-【致使】使注意。

बृहदश्व 人名。

ब्रह्मचर्य n. 学习吠陀，梵行。

ब्रह्मण्य 对婆罗门友善的。

ब्रह्मदत्त m. 人名。

ब्रह्मन् m. 婆罗门；梵天；n. 梵。

ब्रह्मर्षि m. 梵行仙人。

ब्रह्मविद् m. 梵学者，哲学家。

ब्रह्माण्ड n. 梵天的卵＝世界。

ब्राह्मण m. 婆罗门；f. °ई 婆罗门之妻。

ब्रू 2.（§155）, 6. 说，讲。

भक्ति f. 崇拜，献身，忠诚。

भक्तिमत् 充满爱的。

भक्ष् 1., 10. 吃，嚼。

भक्ष्य n. 食物。

भगवत् 尊敬的，世尊。

भग्न 见 भञ्ज् 。

भङ्ग m. 破碎；衰落，陷落。

भङ्गुर 易碎的，易消失的。

भज् 1. 享受，喜欢，选择；练习，修习；分配。【愿望动词】（§260）भिक्ष् 乞讨。

निस्- 把……除外。

भञ्ज् 7. 破裂，打破。

भद्र 幸福的，好的，可爱的；【呼格】亲爱的！贤者！

भय n. 畏惧，危险。

भयंकर 使害怕的。

भर्ग m. 梵天的别名。

भर्तृ m. 丈夫。

भवत् （§91）, f. °ई，第二人称代词，你，您（使用动词的第三人称单数）。

भवन n. 房子。

भस्मन् n. 灰；भस्मसात् 变成灰（§303）。

भा 2. 放光明。

भाग्य m. 幸福。

भारत m. 婆罗多的后代。

भारती f. ＝ Sarasvatī，辩才天女。

भार्या f. 妻子。

भावविकार m. 实有之状。

भाविन् 当存在的；美丽的。

भाष् 1. Ā. 说。

अभि- 打招呼，同……（具格）谈话。

प्रति- 回答。

भाषण n. 语言，方言。

भिक्ष् 见 भज् 。

भिक्षा f. 乞讨。

भिक्षुक m. 乞讨者，比丘。

भिद् 7. 打破，劈开。

निस्- 劈开，裂开。

भिषज् m. 医生。

भी 3. 害怕……（从格）；【过分】भीत 害怕，畏惧。

भीम 可怕的；人名。

भुक्त n. 食物，饭。

भुज् 7. 吃，食；享受，喜欢，占有；尝，接受为……（业格）的报酬。【过分】भुक्त 。【致使】喂食。

उप- 享受。

भुज m. 胳膊。

भुजंगम m. 蛇。

भू 1. 变为，产生，属于某人（属格），分配给；发生，有；【过分】भूत 见该条。

अनु- 感知，尝试。

अभि- 征服，袭击。

आ- 产生，发生。

परा- 羞辱，侮辱。

परि- 轻蔑。

प्र- 见 प्रभूत。

वि-【致使】【被动态】看来，显得。

भू f. 大地。

भूत 成为，已有；曾经发生过的；n. 物质，生物。

भूतल n. 地面。

भूप m. 国王。

भूभुज् m. 国王。

भूमि f. 大地。

भूमिका f.（楼房的）层。

भूमिष्ठ 在地上站着的（स्था）。

भूष् 10. 装饰。

भूषण n. 装饰品。

भृ 3. 负担。

भृतक m. 仆人。

भृत्य m. 仆人。

भृश【副词】°म् 很。

भेक m. 青蛙。

भेरी f. 牛皮鼓，大鼓。

भेषज n. 良药，对策。

भैम, f. °ई Bhīma 的女儿。

भैषज्य n.（专治……（属格）之）药。

भोग m. 食物；吃，享受。

भोजन n. 饭，食物。

भोस्（§34-a 注）喂！

भ्रंश् 4. 落；【过分】भ्रष्ट 。

परि- 脱落，逃跑，失掉。

भ्रम् 1., 4.（§143-c）四处游荡。

सम्-【过分】संभ्रान्त 不知所措的，慌张的。

भ्राज् 1. Ā. 放光。

वि- 发光。

मकरध्वज m. 爱神之专用名。

मक्षिका f. 苍蝇。

मघवन्， °वत् m. 因陀罗的别名。

मणि m. 宝石，珍珠。

मण्डल n. 圆圈，圆盘。

मण्डूक m. 青蛙。

मति f. 思想，认识，理智。

मत्कुण m. 臭虫。

मत्तस् §111。

मत्स्य m. 鱼。

मथुरा f. 一座城市的专有名。

मद् 4.（§143-c）醉；【过分】मत्त 醉醺醺的，春情萌动。

  उद्-【过分】उन्मत्त 心烦意乱，发狂。

  प्र- 发情。

मद m. 春情。

मदीय 我的。

मधु n. 蜜。

मधुर 甜蜜的，可爱的。

मध्य n. 中间，腰；【依格】在……（属格）之间，在……之中，在……之内。

मध्यग 处在……之中的。

मध्यम n. 中间，腰。

मध्याह्न m. 中午。

मन् 4. Ā.（史诗中也出现 P.）认为，相信，认出，看作是，猜测；相信……，尊重……，重视；想着……。

  अनु- 允许。

मनस् n. 意识，精神，心。

मनु m. 摩奴（人类的鼻祖）。

मनुज m. 人。

मनुष्य m. 人，男人。

मनोरथ m. 愿望。

मन्त्र m. 咒语；主意，计划。

मन्त्रय【名转动词】说话，商议。

  संनि- 邀请。

मन्त्रवादिन् m. 诵咒者，祈祷健康者。

मन्त्रिन् m. 大臣。

मन्मथ m. 爱神的专有名。

मयूर m. 孔雀。

मरण n. 死，死亡。

मरुत् m. 风，【复数】 风神。

मर्त्य m. 肉身，人。

मर्दन 毁灭性的。

मर्यादा f. 边界。

मशक m. 蚊子。

महत्（§90），f. °ई，大，重要的。

महा°（§306）大，强大的。

महाजन m. 很多人，一群。

महात्मन् 高尚的，崇高的，天赋高的。

महाप्राज्ञ 大智的。

महामनस् 心灵高尚的。

महाव्रत 履行神圣誓言的。

महिषी f. 牝水牛；国王的主妃。

मही f. 大地。

महीक्षित् m. 大地的统治者。

महीतल n. 地面。

महीपति m. 王侯。

महीपाल m. 同上。

महीयस्（§109）更大，高贵的。

महेन्द्र m. 大因陀罗；大王。

मा（§135）不，不行。

मा 3. Ā. 量，测量。

मांस n. 肉。

माचिरम्（与命令语气搭配）毫不犹豫的。

माठर m. 人名。

माणवक m. 少年，青年婆罗门。

मातृ f. 母亲。

मात्र n. 尺度。(作为多财释末词=）唯，仅仅，只有，几乎。

मान m. 敬意；恼怒，妒忌。

मानद 表示敬意的。

मानव 摩奴的后代。

मानस n. 意识。

मानुष，f. °**ई**，人的；m. 人。

माया f. 幻象。

मारुत m. 风。

मार्ग m. 路。

माल्य n. 花环。

माहात्म्य n. 伟大，威望。

मितभाषिन् 说话适度的，话少的。

मित्र n. 朋友。**मित्रवत्** 像朋友一样。

मिथस्【副词】互相，私下。

मिथ्या【副词】不真实，虚假。

मिल् 6. 聚集，联合。

मील् 1. + **नि**，闭上眼睛。

मुख n. 嘴，口；面。【具格】通过。

मुग्ध（**मुह्**，§51例外）单纯的；m. 傻瓜。

मुच् 6.（§143-f）释放，解放，放出，赦免；排挤出，泼出，留下。【独立式】**मुक्त्वा**（§283）除了（支配业格）。【致使】把……搬出去。

वि- 解放，解开；丧失……（具格）。

मुण्डिन् 刮过脸的；光秃的。

मुद् 1. Ā. 高兴。

मुनि m. 苦行僧，仙人。

मुष् 9. 偷，抢劫。

मुह् 4. 丧失意识。

मुहुर् 重复；**मुहुर्मुहुः** 同上。

मूढ（**मुह्**，§51例外）m. 愚人。

मूर्ख 愚蠢；m. 愚者。

मूर्ति f. 身形，化身。

मूर्तिमत् 有形的，具体的。

मूर्धन् m. 头，顶端。

मूल n. 根，基础。

मूल्य n. 价值。

मूषक m.，°**षिका** f. 老鼠。

मृ 6. 死；【过分】**मृत** 已死。

मृग m. 羚羊，瞪羚。

मृज् 2. 揩去。

मृत 见 **मृ** 。

मृत्यु m. 死亡。

मृत्युकाल m. 死亡时刻。

मृद् 1.，9. + **उप** 摧毁。

मृद् f. 黏土。

मृदुविशद 柔软而细滑的。

मे §111

मेघ m. 云。

मेघनाद m. 一只青蛙的专有名。

मौन n. 沉默。

म्लान 枯萎的。

म्लेच्छ m. 异域人，野蛮人。

य 见 यद्。

यक्ष m. 夜叉，药叉。

यज् 1. 祭祀。

यज्ञ m. 祭祀。

यज्ञदत्त m. 人名。

यतस् 从哪里，在哪里；因为，【副句引导词】。

यत्कारणम् 因为，只要……。

यत्न m.辛苦，努力。【从格】费劲地。

यत्र 哪儿，在哪里，在谁那儿。（§113）

यथा 犹如，好像（也作 enkl.）；副句引导词；正如……一样。

यथागतम् 【副词】如所来。

यथातथम् 【副词】准确地。

यथार्हम् 【副词】适当地。

यथावृत्तम् 【副词】真如其实。

यथाश्रद्धम् 【副词】信任地，公开地。

यथासुखम् 【副词】幸福地。

यथोक्त 如所说，如前所指；°म् 【副词】

यथोचित 适当的。

यद् 【关系代词语干】（§115）那个；यो यद् 无论谁；यद्यस्मै 无论对谁。यद्यद् 无论怎样。【连词】यद् 如果，=daß（德语），因为。（在直接引语之首，引出直接引语。）

येन由于，因此，鉴于，就此。

यदा 何时，当……时。

यदि 如果。यद्येवम् 如果是这样，在这种情况下。

यम् 1.（§143-a）扼制，节制。

आ-【过分】आयत 长，伸长的，大型的。

उद्-【过分】उद्यत 准备好的，下决心做……。

नि- 制止，限制。

प्र- 交出，嫁给。

सम्- 约束，扼制。

यम m. 死神，阎摩。

यवस n. 饲料，草。

यशस् n. 名望，荣誉。

या 2. 去，来，到达。

आ- 接近，走近，动身。

समा- 走来。

निस्- 出去。

प्र- 上路，去。

याच् 1. + निस् 请求。

याज्य 有权进行献祭的。

यात्रा f. 游行。

यावत् 【关系代词】如……之大。【连词】乃至……，在……期间，直到；यावत् – तावत्

在……期间，只要…… 就。【副词】当时。【介词】（支配业格）在……期间。

युक्ति f. 计策。

युगपद् 【副词】同时。

युगल n. 一对。

युज् 7. 结合。【被动】 युज्यते; 合适，恰当；【过分】युक्त 有天赋的，具备……的。

नि- 捆绑上，加载上。

विनि-【致使】任用，使用。

प्र-【被动】适当，相配。

संप्र- 把……套上轭;【被动】与……（具格）分享，分担。

वि- 与……（具格）分开，丧失。

युद्ध n. 斗争。

युध् 4. 战斗。

युवन् （§95）年轻。

यूथ m. n. 畜群。

योग m. 联系。规则。

योगिन् m. 进入沉思冥想状态的圣者，瑜伽师。

योग्य 合适的，有能力的。

योद्धव्य【动形容词】（§281-a，48）词根 युध् 。

योध m. 士兵。

योधिन् 战斗着的。

योनि m. f. 子宫，起源，性。

योषित् f. 妇女。

यौवन n. 青年，可以结婚的年龄。

रक्ष् 1. 保卫，保护，救出，保存，节省，保留。

रक्षण n. 保卫，护卫。

रक्षस् n. 恶魔，罗刹。

रक्षा f. 保护，维护。

रक्षापुरुष m. 守护者。

रक्षितृ m. 保护者。

रक्षिन् m. 守护者。

रघु m.（人名）罗怙。

रङ्ग m. 舞台，宴会厅。

रजस् n. 灰尘；月经。

रज्जु f. 绳索。

रञ्ज् 4.（§143-g）变红。【致使】获得，使爱上。

रट् 1. P. 叫喊。

रण n. 战斗，战场。

रत 喜欢……（依格）。

रति f. 兴趣。

रत्न n. 宝，宝石。

रत्नप्रभा f.（人名）宝光。

रथ m. 车。

रथकार m. 车匠，木匠。

रभ् 1. + आ 开始，着手；【过分】आरब्ध 1）承担，已开始；已做；2）开始以后。

रम् 1. Ā. 娱乐，通奸。

वि-【过分】停止（讲话）。

रयि f. 财产。

रव m. 音响，声音。

रवि m. 太阳。

रहःस्थ 独自存在的。

रहस् n. 孤独。

रहस्य n. 秘密。

रहित 被……抛弃的，没有……的。

राक्षस m. 魔鬼之一种，罗刹。

राज् 1. Ā. 发光，光彩照人。

वि-【致使】使美丽，装饰。

°राज（308）m. 国王。

राजन् m. 国王。

राजेन्द्र m. 大国王。

राज्य n. 统治，政府。

राति f. 恩惠。

रात्रि f. 夜。

राध् 4. 成功。

अप- 有罪。

राधा f. 罗佗，一个牧牛女的名字，黑天（毗湿奴神）的情人。

रामायणकथा f. 罗摩的故事，罗摩衍那史诗。

राष्ट्र n. 王国，统治。

रिच् 7. + व्यति【被动】超出，越过。

रिपु m. 敌人。

रु 2. P. 哭，喊。【加强式】(§263) रोरूय 嚎叫，哭喊。

रुच् 1. Ā. 喜欢。

रुचक m. 戒指。

रुचिर 光辉的，美丽的，辉煌的。

रुज् 6. 打破，摧毁。

रुज् f. 疾病。

रुद् 2.（§154）哭。

रुध् 4. 抵御，妨碍。

अनु- 遵循。

रुह् 1. 生长。

आ- 骑上；【过分】आरूढ 骑着。

समा-【过分】骑着……。【致使】रोपय（§256）使骑上，放置上去。

प्र- 生长。

रूप n. 形体；美貌，装饰物。

रूपक m. 卢比。

रूपवत् 美丽的。

रूपिन् 形体美丽的。

रे 嗨！

रोग m. 疾病。

रोगिन् 有病的，病人。

रोपय 见 रुह् 以及 §256。

रोरूय 见 रु 。

लक्ष् 10. 发现，看见。【被动】看起来。

उप- 发现。

लक्ष n. 十万。

लक्षण n. 标记，吉兆。(作为多财释末词）叫做……，以……为特征的。

लक्ष्मी f.（§74）幸福，美丽。吉祥天女（毗湿奴神之妻）。

लग् 1. 执着于……，附着在……；【过分】लग्न 附着于……。

लगुड m. 棍棒。

लघु 轻的，短的。

लज्ज् 6. Ā. + वि 害羞。

लज्जा f. 羞。

लज्जावत् 害羞的，发窘的。

लप् 1. + वि 悲叹。

लभ् 1. Ā. 获得，收到，找到。

लम्ब + अव【致使】吊在……（依格）上。

लल्【致使】溺爱。

लालस 渴望……的。

लिख् 6. + वि 擦伤。

लिङ्ग n. 特征。

लिप् 6.（143-f）涂，抹。

लिह् 2. 舔。

लुप् 6.（§143-f）抢劫。

लू 9. 切。

लोक् 10. 看，认出。

अव- 看到，观察到，盯着看，挑选出。

आ- 看到。

वि- 调查。

लोक m. 世界。（作为单数集合名词以及复数）人们，众人。

लोककृत् m. 造世主。

लोकपाल m. 世界的保护者（特指天王）。

लोच् 10. + आ 考虑。

लोचन n. 眼睛。

लोभ m. 贪心。

वक्तृ m. 谈话人，发言人。

वक्र 弯曲的，欺诈的，狡猾的。

वक्षस् n. 胸膛。

वच् 2. 说，讲（对象是业格，属格），讲述，教训，对……说，要求；【过分】उक्त（§277-a）。

प्र- 告诉，说。

प्रति- 回答，反驳。

वचन n. 谈话，言词，对话。

वचस् n. 词。

वडवा f. 牝马。

वणिज् m. 商人。

°वत् §61。

वत्स m. 小牛，小孩。

वद् 1. 说（对象是业、属、依格），把……称作。

वि- 争吵，诤讼。

वदन n. 嘴，脸。

वध् = हन्（§190）。

वध m. 杀，死刑。

वधू f. 女人，妻子。

वध्यभू f. 刑场。

वन n. 森林，林地。

वनमाला f. 森林的花做的花环。

वनस्पति m. 树。

वप् 1. 播种。

वपुस् n. 身体，美丽的体形，美人。

वयस् n. 青春年华，年纪，年岁。

वयस्य m. 朋友。

वर 1）m. 心愿，愿望。2）最好的，最美的。

【副词】वरम् 比……（从格）好；वरम्-न宁愿……，不……。

वरण n. 选择。

वरय【名转动词】P. Ā. 挑选。

वरवर्णिन् ，f. °ई，色彩美丽的，美丽的。

वराक 可怜的，悲惨的。

वरिमन् m. 宽度，范围。

वरुण m.（天神的名字）婆楼那，水神。

वर्ण m. 颜色；声，音节。

वर्णय【名转动词】描写，描述。

वर्तमान（वृत्）n. 现今。

°वर्तिन् 处于……。

वर्धन 增长。

वर्ष m. n. 雨；年。

वर्षधर m. 宦官。

वल m. 一个恶魔的名字。

वल्लभ 可爱的；亲爱的（支配依格或属格）。

वश् 2. 渴求，想要。

वश m. 势力；【从格】由于……的缘故。

वशीकृ 使服从。

वस् §111

वस् 1. 住，停留，生活。

समा- 宿营。

उद्-【致使】荒废。

प्रति- 住。

वसु n. 物，财物。

वसुंधरा f. 大地。

वसुमती f. 大地。

वस्तु n. 东西，物品，货物。

वस्त्र n. 衣服。

वह् 1. 驶。

वि-【致使】结婚。

वह्नि m. 火。

वा enkl. 或者。वा……वा 或者……，或者……；或许是……，或许是……。वापि 或者。

वाक्य n. 言语，词，句子。

वाच् f. 言语，词，声。

वाच्य（§281-c）当说的，对此当说的；应受指责的，应受责备的。

वाञ्छा f. 愿望，渴望得到……（依格）。

वात m. 风。

वातायन n. 窗户。

वात्स्यायन m. 印度《爱经》的著者名。

वादिन् 说话的；争论者。

वानर m. 猴。

वायु m. 风，空气。

वायुज m.（一种树名）阿周那树。

वारि n. 水。

वारिधि m. 海洋。

वार्ष्यायणि m. 人名。

वास m. 栖息地，安息。

वासवेश्मन् n. 寝室。

वाससू n. 衣服。

वासुदेव m. 婆薮天之子 = 黑天—毗湿奴神。

वाहन 背负；n. 套了牲口的车，车。

विक्रमपुर m. 一座城市名。

विक्रय n. 卖。

विग्रह m. 争吵，纠纷，战争。

विचित्र 五彩斑斓的。

विचेतन 无知觉的，昏过去的。

विचेष्टित n. 努力。

विचेष्टिता f. 努力。

विचेष्टितृ 晃动肢体。

विज् 6. 害怕；【过分】विग्न 惊慌。

उद्-【过分】उद्विग्न 受到惊吓的，感到害怕的。

विजय m. 胜利，战胜。

विजिगीषु 希望胜利的。

विज्ञप्त 见 ज्ञा+ वि。

विज्ञान n. 识，认识。

विज्ञेय 应被认为是……的。

वित्त n. 资产，财富。

वित्तवत् 富裕的。

विद् 2.（并见 §210）知道，认识，认出；【过分】विदित 。

नि-【致使】 宣布，布告，报告，讲述。

°विद् 了解……，熟悉……（§314）。

विद् 6.（§143-f）找到，获得，拿到；【被动态】存在，有。

विदर्भ m.【复数】一个王国及民族的名称；【单数】这个王国的国王。

विद्या f. 知识，科学，科目，学识，教导。

विद्युत् f. 闪电。

विद्वस्（§§98，271）知……的，了解……的，智慧的；m.学者。

विद्विष् m. 敌人。

विधा f. 方式。

विधि m. 规则，条约。

विधुर 困难的。

विधेय 应做的；n. 责任。

विना 没有，除……（业格和具格）以外。

विप् 1. Ā. 颤抖。

विपत्ति f. 不幸。

विपुष्ट 穷的。

विप्र m. 婆罗门。

विप्रिय 不可爱的（与属格搭配）。

विबुध m. 神。

विभव m. 财富。

विभु m. 先生，主人。

विभूषण n. 首饰。

विमान m. n. 天神的车。

वियोग m. 与……分离（与 सह 搭配，或在复合词中）。

विरजस् 无灰尘的。

विरह m. 分离。

विरोध m. 敌对。

विवर m. n. 洞。

विवर्ण 无色的。

विवाह m. 婚礼，结婚，婚姻。

विविध 不同的，多种多样的。

विवेकिन् 谨慎的，小心的。

विश् 6. 进入，进去；【过分】विष्ट。

आ- 穿透；【过分】आविष्ट 充满。

उप- 坐。

प्र- 进入，踏入，走入……（业、依格），有入内权。【致使】使进入。

विश् m.【复数】臣民，人民。

विशीर्ण 见 शॄ + वि。

विशेष m. 区别，特殊的种类；【具格以及 °तस् 】 特别是，很，尤其。

विश्रब्ध 相信；【副词】°म् 信任地。

विश्व（§117）所有，每一个。

विश्ववेदस् m. 人名。

विश्वास m. 信赖。

विष n. 毒药。

विषम 粗糙的，不平。

विषय m. 境，区域；对象，物品；【复数】感官的享受。

विषाद m. 绝望，胆小。

विषादिन् 畏缩不前的，胆小的。

विष्टभ्य 见 स्तम्भ + वि。

विष्णु m.（天神名）毗湿奴。

विसृष्टि f. 创造。

विस्मय m. 惊异。

विहारिन् 娱乐的。

विहित 见 धा + वि。

वीणा f.一种乐器，竖箜篌。

वीणारवा m. 一只苍蝇的名字。

वीर m. 男人，英雄。

वीरसेन m. 人名。

वृ 9. 选择。

वृ 5., 10. 反抗，抑制；包围，封锁。

आ-【过分】被……所包围。

समा-【过分】同上。

नि- 从……（从格）撤回。

परि- 包围，装满。

वृक m. 狼。

वृक्ष m. 树。

वृत् 1. 转向……（依格），进行……（具格），执行；停留，处于，有。【不定过去时】अवृतत्

अनु- 跟随，跟踪。

नि- 停止，不做声；【致使】使回转，制止。

प्रतिनि- 回转。

परि- 转身，改变。

प्र- 起来，发生。

सम्- 举行，完成，成为。

वृत्त n. 好的行为，文明。

वृत्तान्त m. 事件，新闻，过程。

वृत्र m. 一个魔鬼的名字。

वृथा【副词】徒劳，无用。

वृद्ध, f. °आ, 老，上年纪的。

वृद्धकुमारी f. 老处女。

वृद्धि f. 生长，增长。

वृध् 1. Ā. 生长，发育，幸运。P. 任其生长。

अभि- 生长。

वि- 生长，增长。

सम्-【致使】 养大。

वृष् 1. P. 下雨。

वृषल m. 坏人，恶棍。

वृषली f. 粗俗的女人，老婆子。

वृष्टि f. 雨。

वेग m. 激流。

वेद m. 吠陀，圣典。

वेदना f. 疼痛。

°वेदिन् 知道的，认识的。

वेश्मन् n. 房子，住房，房屋。

वेश्या f. 娼妓。

वै【虚词】表示强调、感叹。

वैकुण्ठ m. n. 毗湿奴天界的名称。

वैदर्भ，f. °ई 毗德摩（Vidarbha）国王的女儿。

वैद्य m. 医生。

वैनतेय m. 金翅鸟的别称，毗娜达（Vinatā）之子。

वैर n. 敌意。

वैरिन् m. 敌人。

वैवस्वत m. 阎摩，Vivasvant（太阳）之子。

व्यग्रता f. 繁忙状。

व्यजन n. 扇子。拂尘。

व्यतिक्रम m. 跨越，损伤。

व्यध् 4.（§143-e）刺破，刺穿。

व्यवसाय m. 决心。

व्यवहार m. 操作，过程。

व्यवाय m. 分开，分离。

व्यसन n. 不幸。

व्याकुल 不安静，激动的；°लीभू（§303）。

व्याकुलित 受惊的，激动的。

व्याघ्र m. 老虎（§317-d）。

व्याधि m. 疾病。

व्यास 人名。

व्योमन् m. 天空。

व्रज् 1. 走，去。

व्रत n. 誓言，许愿。

शंस् 1. 赞美。

प्र-（同上）。

शक् 5. 能够；【被动】शक्यते कर्तुम् 可被做。

शकट m. 车，舆。

शक्र m. 帝释，因陀罗的别名。

शङ्का f. 害怕。

शङ्ख m. 螺贝。

शची f. 因陀罗之妻的名字。

शत n. 一百。

शतक्रतु 具有百倍意志力者，因陀罗的别名。

शत्रु m. 敌人。

शनकैस्【副词】 轻柔地，轻声地。

शनैस्【副词】 慢慢地。

शप् 1. 咒，诅咒。

शब्द m. 声，声响，字。

शम् 4. 疲劳。

प्र- 变得平静，静下来。

शम् 10. 听见，获知。

नि- 听到，听，获知。

शयन n. 寝床。

शयनीय n. 同上。

शय्या f. 床。

शर m. 箭。

शरण n. 庇护所。

शरद् f. 秋天。

शरीर n. 躯体，身体。

शशिन् m. 月亮。

शस्ति f. 赞歌，颂歌。

शस्त्र n. 尖锐的武器。

शाखा f. 树枝。

शाटि f. 织物，料子。

शान्ति f. 安静，内心的平静。

शाप m. 咒语。

शार्दूल m. 老虎。

शाला f. 厅，楼，厦；棚。

शालि m. 米。

°शालिन् 有……天赋。

शाल्व m.【复数】一个民族的名字。

शावक，f. °विका 崽。

शास् 2. 命令。

शासन n. 命令，要求。

शास्त्र n. 学问，论著。

शिक्षित 受过教育的。

शिखिन्（头上）长有一绺卷发的；m.火。

शित【过分】（词根 शो）尖锐的。

शिव 幸福的，吉祥的。

शिष् 7. 剩余，留下。【被动】剩余，剩下。

अव- 剩余，剩下。

वि-【过分】विशिष्ट 卓越。

शिष्ट 经过训练的，有教养的。

शिष्य m. 学生。

शी 2. Ā.（§157）躺着，休息，睡觉。

शीत 冷，凉。

शीतल 凉。

शील n. 好的风俗，品德。

शुक्ल 白色。

शुच् 1. 诉苦，悲叹。

अनु- 悲叹。

शुचि 纯净的，闪光的。

शुचिस्मित，f. °आ，笑容灿烂。

शुभ 美丽的，好的；吉祥的，有利；n. 好事。

शुश्रूष 见 श्रु 。

शूकर m. 猪。

शूद्र，f. °ई，首陀罗（第四种姓）。

शून्य 空的。

शूर 勇敢；m. 英雄，武士。

शूल m. n. 枪，戟。

शॄ 9. + वि 打碎；【过分】विशीर्ण 。

शेष m. n. 剩余，残余，余下的。（作为多财释末词）只剩下……者。

शो 4.（§143-e）磨。

शोक m. 痛苦，悲哀。

शोभन 美丽的，合适的。

शोभा f. 美，庄严。

श्मशान n. 墓地，焚尸场。

श्येन m. 鹫。

श्रम् 4.（§143-c）疲倦;【过分】श्रान्त。

श्रम m. 努力，辛苦。

श्रवण m. n. 耳朵，听。

श्रि 1. 动身去，去访问。

आ- 来到，去访问，前去。

समा- 前去，寻求。

श्री f. 幸运，光辉，财富。

श्रीदेवी f. 吉祥天女。

श्रु 5.（§177）听。【愿望动词】（§259）शुश्रूष 听从。

प्रति- 给某人（属格）允诺。

वि-【被动】出名。

सम्- 允诺。

श्रेयस्（§109）较好的。

श्रेष्ठ（§109）最好的，最优秀的，最高的。

श्रोतृ m. 听者。

श्रोत्रिय 通晓吠陀的。

श्लिष् + वि【致使】分离，使丧失……（具格）。

श्लेष्मन् m. 黏液。

श्वन् m.（§95）狗。

श्वशुर m. 公公，岳父。

श्वस् 2. 呼吸。

आ-【致使】安慰，使平静。

श्वस्【副词】明天。

श्वेत 白的。

षड्गुण 六倍。

षण्मासिक 六个月的。

षोडश 第十六。

स，सः 见 तद्（§114）。

स°（在复合词中）与……（§320-c）。

संकल्प m. 思想，考虑，理智。

संकुल 充满，全是……。

संक्रमण n. 驶入……（依格）。

संक्षय m. 消失，缺少。

संगम m. 联合。

संचय m. 大量，堆。

संचारण n. 运动。

संचारिन् 运动。

संज्ञा f. 共识；名称，术语。

संतति f. 子孙后代。

संतान m. n. 子孙后代。

संतुष्ट 满意的。

संतोष m. 满意。

संदेह m. 疑惑，不定。

संनिधि m. 附近，现前；【依格】在……那儿。

संपत्ति f. 幸运。

संपद् f. 完成。

संप्रत्यय m. 正确的观点，见解。

संबन्धु 有亲属关系的。

संभव m. 发生，出现。

संयोग m. 结合，联合。

संसार m. 轮回。

संस्तव m. 相识。

सकरुणम् 【副词】可怜地。

सकल 完全，一切。

सकाश m. 附近；【业格】向着……；【从格】从……而来，由……（与属格搭配或在复合词中）。

सक्त 见 सञ्ज् 。

सक्तु m.（大麦等磨成的）粗面粉。

सक्थि，सक्थन् n. 大腿骨。

°सख（§308）由……陪伴。

सखि m. 朋友（§66）；सखी f. 女朋友。

सख्य n. 友谊。

सगद्गदम् 【副词】断断续续地，哽咽地。

सचिव m. 大臣。

सचेतन 有意识的。

सज्जन m. 正人君子。

सञ्ज् 1. 附着于……；【过分】सक्त 吊在……上。

आ-【过分】执着于……。

सत्（§267-b，88）有。【形容词】 好，正直。

सततम् 【副词】始终，永远。

सत्कार m. 款待。

सत्तम（§108）最好。

सत्य 确实；n. 真理，真实；保证，诺言，誓言。तेन सत्येन 确实如此。

सत्यव्रत 信守誓言的，真实的。

सत्वरम् 【副词】迅速地。

सद् 1.（§143-h）坐。

आ-【过分】आसन्न 近的；n. 附近。【致使】撞到……上，碰上，达到。

प्र-【过分】प्रसन्न 仁慈。

सदा 永远。

सदृश 相似，相同，同等。

सद्यस् 【副词】立刻，一下子。

सनातन，f. °ई，一贯，持续。

सनाथ 具备。

सपत्न m. 竞争者，对手。

सपाद【多财释】持有四分之一的。

सप्तन् 七。

सफल 有果实的。

सभय，f. °आ，可怖的。

सभा f. 大厅，聚会。

सम 平等，与……相同；समम् 连同（与具格搭配）。

समक्षम् 当着……的面（复合词）

समय m. 时间。

समवाय m. 联合，联盟。

समस्त 完全，一切。

समागम m. 结合。

समाचार m. 进程。

समाज m. 社会。

समान 同样的（支配具格）

समारोप्य 见 रुह् + समा。

समाहित 专心致志的。

समीप n. 附近；°पम् 面对着（与属格搭配）。

समुद्र m. 大海。

समुद्रदत्त m. 人名。

समुपस्थित 已达到，已来到。

समृद्ध 富的。

समेत 见 इ + समा 。

सम्यक् 【副词】正确，准确地。

सरित् f. 河流。

सर्प m. 蛇。

सर्व（§117）一切，每个。

सर्वगत 全面。

सर्वतस्（सर्व 的从格）【副词】各个方面，到处。

सर्वत्र 到处。°गत 全面。

सर्वदा 永远。

सर्वभूत n.【复数】一切众生。

सर्वविद् 全知的，饱学的。

सर्वशस् 【副词】完全，共计。

सलज्ज，f. °आ，羞愧。

सवर्ण 色彩一致的。

सविनयम् 【副词】谦虚地。

सविस्मयम् 【副词】惊讶地。

सव्य 左面的。

सस्मितम् 【副词】微笑着。

सस्य n. 谷物，粮食。

सह् 1. Ā. 忍受，容忍；【不定式】सोढुम्（§51 例外）。

उद् – 能，有能力做……（业格）。

सह【前置介词】(加具格)、【副词】与。(在复合词中) = स° 。

सहचर m. 伴侣，同志。

सहचारिन् m. 伴侣，同志。

सहसा 突然。

सहस्र n. 千。

सहस्रकिरण m. 太阳。

सहाय m. 伴侣，随从。

सहित 联合起来的。

सा 见 तद् 。

सांप्रतम् 现在。

साकम् 【前置介词】(加具格) 与。

साक्षात् 亲眼，活灵活现的，眼前的。

सागर m. 海。

साग्निक 与火（Agni）联合的。

साध् 【致使】执行，完成，使实现，达到，使恢复。

साधन n. 成功。

साधु 好，对；m. 圣人。【副词】善哉，好，好极了。

साध्य 可实行的，可达到的，可能的。

सानुराग 陷入爱情的。

सान्त्व n. 调解，好话。

सान्वय【多财释】连同家族的。

सामर्थ्य n. 权力，从事……（依格）的能力。

सायक m. 剑。

सायम् 晚上。

सायुध 武装的。

सारस m. 印度仙鹤。

सार्थ m. 商队，人群。

सार्धम् 同……（具格）一道。

साशङ्क 恐怖的，胆战心惊的。

साहाय्य n. 支持，帮助。

सिंह m. 狮子。

सिच् 6.（§143-f）浇，灌；【过分】सिक्त 已被泼洒的。

सिद्ध 已成就，已达到，已实现。

सिध् 1.（§301-c）+नि 防御；+प्रति 抵御，禁止。

सिन्धु f. 大河，河流。

सीमन् f. 界。

सीमाधिप m. 邻界的王侯。

सु° 好，妙，舒适，恰当，很。

सुकुमार 娇嫩的。

सुख 舒适的；n. 享受，欢乐；【副词】सुखम्，सुखेन 舒服地，安乐地，平静地，轻易地，不费力气地。

सुग्रीव m. 人名。

सुजन m. 好人。

सुत m. 儿子；f. ° आ 女儿。

सुदर्शन m. n. 毗湿奴的轮盘武器。

सुधा f. 甘露。

सुधी 智慧。

सुन्दर，f. °ई，美丽的；°तर（§108）。

सुप्त 见 स्वप्。

सुप्रयुक्त 运用得体的。

सुबद्ध 绑得好的。

सुबहु 非常多。

सुभग 可爱，亲爱；f. ° आ（有时也用 ° ई）亲爱者。

सुभाषित n. 巧妙的词句，美誉。

सुमनस् 和善，亲切，

सुमन्त्र m. 好的建议。

सुमहत् 很大，重要的。

सुर m. 天神。

सुरा f. 烈酒。

सुलभ 易到手的，便宜的。

सुवर्चस् 光辉的，华丽的。

सुवर्ण n. 金子。

सुहृद् m. 朋友；f. 女友。

सू 2. Ā. 生育。

सूच् 10. 暗示，使明白，暴露。

सूत m. 车夫。

सूत्र n. 经，经文。

सूद् 10. 杀死。

सूनु m. 儿子。

सूर्य m. 太阳，太阳神。

सृ 1. 跑。

अप- 跑开，停止。

सृज् 6. 扔，任凭倒下；创造。

उद्- 松开，使自由。

सृप् 1.+वि 跑散。

सेना f. 军队。

सेनापति m. 军队首领。

सेव् 1. Ā. 访问，与……（业格）做爱，服务。

आ- 纵欲，享受。

नि- 与……（业格）做爱；占据，招来。

सेवक m. 侍从。

सेवा f. 服务。

सैनिक m. 士兵，卫兵。

सैन्य n. 陆军。

सो 4.（§143-e）（带前置词）决心。

सोढुम् 见 सह्。

सोमशर्मन् m. 人名。

सौदामनी f. 闪电之一种。

सौभाग्य n. 幸福，魅力。

सौहार्द n. 友谊。

स्कन्ध m. 肩膀。

स्कन्धदेश m. 肩膀处。

स्तम्भ् 1. 9.（§189-b，§301-c）稳定；【致使】使固定。【过分】स्तब्ध 僵直，呆板。

वि- 停住。

स्तम्भ m. 柱，支柱。

स्तु 2.（§156）赞美，表扬。

प्र- 高声赞颂。

स्तोम m. 颂诗。

स्त्री f.（§72）女人，妻子。

स्त्रीजन m. 【集合名词】众女人。

°स्थ（§314-b）站着的，处于……。

स्थल n. 陆地，大陆；地面。

स्थविर 老，年迈。

स्था 1.（§143-h）站，站着，停留，在场，固守，支持住，留在；坚持；平静，停止；支持；有；【过分】स्थित 站着，准备好，处于，有。【致使】（§255）放置，持住。

अनु- 执行，做；【过分】अनुष्ठित。

आ- 使用。

उद्-（उत्था §302-a）P. Ā. 起来，升起，升高。

प्रत्युद्- 在……（业格）前起身。

समुद् - 起来。

उप- 走上前去，动身去。

प्र- 出发。

सम्-【致使】放置，带来。

स्थाणु m. 桩，大块，柱子。

स्थान n. 地方，场地，地点；物品。

स्थिति f. 规则。

स्ना 2. 洗澡。

स्नान n. 洗澡

स्निग्ध（स्निह् 的过去被动分词）m. 情人。

स्निह् 4. 爱，是……（属格）的朋友。

स्नेह m. 爱情，友谊。

स्पृश् 6. （【不定式】स्प्रष्टुम्，根据 §16）触及，摸，感觉。

उप-（用水）弄湿。

स्फुद् 【致使】锄掉。

स्फोटन n. 破裂。

स्म（§130 注）（为现在时附加过去时的含义。）

स्मि 1. 微笑。

वि- 惊奇。

स्मित n. 微笑。

स्मितपूर्वम् 【副词】（未语）先笑地。

स्मृ 1. 回忆起……（业格、属格）;【过分】

स्मृत 被怀念的；流传下来的，有效的。

वि- 忘记。

स्यन्द् 1. Ā. 涌出。

स्रज् f. 花环。

स्रुघ्न m. 一座城市的名字。

स्व，f. °आ，自己的。

स्वकीय 自己的；m. 亲属。

स्वदेश m. 自己的领域。

स्वप् 2.（§154，§189-a）睡觉；【过分】सुप्त 已睡，睡着的。

स्वप्न m. 睡觉，梦。

स्वभाव m. 本性，自性。

स्वभावकृपण m. 人名。

स्वयंवर m. 选婿，自由选择。

स्वयम् 【副词】自己，自动，亲自。

स्वर् 【副词】（代替体、业、属格）太阳。

स्वर्ग m. 天空。

स्वलंकृत 经过打扮的，盛装的。

स्वल्प 很矮小的，很少的。

स्वसृ f. 姐妹。

स्वस्ति n. 吉祥，福运。

स्वस्तिक m. 卍，吉祥符号，万字。

स्वस्थ 健康的，身心康健。

स्वातन्त्र्य n. 独立性。

स्वाधीन 他（你）自己的。

स्वापत्य n. 自己的孩子（崽子）。

स्वामिन् m. 主子，主人。

स्वार्थ m. 自己的东西。

स्वेच्छा f. 自己的愿望；【具格】随心所欲。

स्वेद m. 汗。

स्वैरम् 【副词】小心地，秘密地。

ह【虚词】。

हंस m. 鹅，天鹅。

हत 见 हन् 。

हन् 2.（§158）打死，击中，伤，杀死，消灭，驱散；【过分】हत 被打的，受了伤的，已毁灭的，失败的。

अप- 击退，打走。

आ- 钉进去；【过分】被击中的。

नि- 打倒，杀害。

निस्- 打出来。

वि- 打破，打碎。

°हन्（§107）杀死……者。

हन्त 快！走啊！

हर m. 湿婆的名字。

हरि m. 毗湿奴的名字。

हर्षित 见 हृष् 。

हविस् n. 供施，供品。

हस् 1. 笑。

प्र- 笑，突然笑起来。

हस्त m. 手。

हस्तदक्षिण 靠近右手的，位于右手旁的。

हस्तवर्तम् + वृ【致使】用手压碎。

हस्तवाम 靠近左手的，位于左手旁的。

हस्तिन् m. 大象。

हा 3.（§172）离开；【过分】हीन 见该条。

वि- 离开，抛弃。

हार m. 珍珠项链。

हासिन् 微笑着。

हाहा 唉！

हि 因为，正是；【虚词】。

हिंस् 7. 加害于……，伤害，弄坏。

हिंसा f. 伤害，暴力。

हिङ्गु n. 兴渠（取材于一种树的调料）。

हित（धा 的过去被动分词）友好的，好意的；n. 利益，好处。

हितकारक m. 慈善家。

हिमालय m. 喜玛拉雅。

हिरण्य n. 金子。

हीन（हा 的过去被动分词）缺少，无……（具格）的。

हु 3. 供施，祭祀。

हुताश m. 火神。

हू 见 ह्वे。

हृ 1. 拿走，抢走，偷，征服。

उदा- 说，讲述。

प्रत्या- 制止。

व्या- 说话，说。

सम्- 吸收，消灭。

हृच्छय m. 爱情。

हृद् n. 心。

हृदय n. 心。

हृष् 4. 高兴；【过分】हृष्ट 高兴，愉快。【致使】使高兴。【过分】हर्षित。

प्र-【过分】高兴，愉快。

हृषित 笔挺的，新鲜。

हेतु m. 因，原因。

होतृ m. 祭司，从事献祭的神职。

होमतुरङ्ग m. 供施的马。

ह्नु 2. Ā. + नि 否认。

ह्यस्【副词】昨天。

ह्रस्व 小的。

ह्री 3. 惭愧，害羞。

ह्वे 1.（§189-a，§207）呼叫。

आ- 呼叫，要求，邀请。

后记

偶然读到，德意志学术交流中心（DAAD）与中国之间的合作已经历经七十载的漫长岁月。而季羡林先生当年正是第一批接受 DAAD 资助赴德国留学的学生。因为季先生与德国结的缘分，与梵文结的缘分，这一本被一代又一代的德国学者称之为《施坦茨勒》的教科书，便也成为一代又一代的中国梵文学者必读的课本。当然，我们的家谱远不及德国的传承来的久远，但是同事们玩笑间毕竟已经可以听到论资排辈的言辞。

在德国，《施坦茨勒》第一版诞生于 1869 年，在随后一百多年跨越三个世纪的时空里，这本并不厚的书不断再版，甚至无视人间的战争与和平（第十一版以及第十二版诞生于 1939 和 1943 年间），至 1980 年累计再版达十七次之多。梵文是印度古代的语言，纵然它凝聚着人类一方文明的丰富而卓越的智慧，然而这门语言毕竟不具备太多现实的实际意义，但是，这样一本教人学习梵文的书却在德国一传再传，经百年而不衰，其中之意境便是耐人寻味的。

第十八版的修订，是由德国汉堡大学印度学系的伟大学者 A. Wezler 教授完成的。关于 A. Wezler 教授，要多写几句。不必说他学识如何渊博，著述如何丰硕，记得在汉堡时，同学们喜欢上他的课，奥赜的梵文诗句经他口中念出便带着令人神往的优美韵味。自 1970 年起，德国与尼泊尔合作，对尼泊尔的古梵文、藏文写卷进行拍摄整理，以期长久保存住人类所创作的一方文化。自 1982 年起，A. Wezler 挂帅负责这一项目。截止到 2002 年，在 A. Wezler 的领导下，卓越的学者们业已完成 190,000 份写本的拍摄任务。2000 年，德国政府将 Max-Planck 研究奖颁发给 A. Wezler 教授，以表彰他在保护尼泊尔梵文写本项目中做出的巨大贡献。正是这样一位学者亲自完成了这新一版的修订。这个事实体现着一个真理，即看似微小的精品其实更需要大师的打造。

大概不只是出于他的德国情缘吧，季先生非常推崇这本《施坦茨勒》，当年新中国第一代梵文学者曾经使用的第一本油印教材正是季先生亲自编译的。季先生曾说，别看这本书小，但是装的内容足够丰富，而且方便查找那些百变千化的形式。有时候，眼看着波斯、乌尔都等专业的同事们纷纷编写出自己的教材，心里也曾萌发干脆编它一本的冲动。然而再一想，他山之石可以攻玉，更何况我们正坐在玉山之上。那些还幸存在西藏的梵文写本正是我们的玉。有多少基础工作等待我们去做，有多少开创性的工作等待我们去完成。还是让《施坦茨勒》在中国再传几代吧，伴随我们打磨出经久不衰其光泽的玉。

一晃多少年已逝去，这也已经是汉文版的第二版。还清晰地记得起当年手工操作的麻烦。遗留在第一版中的错误之多，常常令读者蹙眉，责任者汗颜。但愿这些错误随着新版的问世而不复存在。本书术语的翻译参照了《语言学词典》（原著：〔德〕哈杜默德·布斯曼，编译者：陈慧瑛等，北京商务印书馆 2003 年）。

时过境迁，看着那些梵文字逐一跃上显示屏，比肩于汉字中间，禁不住喜笑颜开。然而，我们还是先后启用了 Sanskrit 99 和 Sanskrit 2003 两种字体，一些符号仰仗叶少勇的创造才得以显示。梵文的输入工作主要是由范慕尤完成的。叶少勇也参与了部分练习例句的输入。萨尔吉、叶少勇、张雪杉通读过本稿，吴赟培通读过词汇部分。最应谢我的同事李建强，他仔细地阅读了本书，遂使术语得以统一，语句不再聱牙拗口。有这些散发着虎虎生气的后生们把关，但愿新版中不至于舛误满眼吧。

完成这本译著的修订时，恰逢季羡林先生九十四周岁的生月。秉承季羡林先生开创的事业，北大梵文贝叶经以及佛教文献研究室也已经成立近一周年。一年来，每逢周日，一批朝气蓬勃的学子集合到研究室，从事着各种项目。这本书的修订便是利用多少个周日和假期完成的。在学界，习梵文者大约是最弱势的代表，然而，连我们这里也出现了令人欣喜的局面，其它本来人气旺盛的学科想来必是一片繁荣欢忭的景象吧！

2005 年 8 月初稿，
2008 年 7 月修订
段晴